ICH WEISS JETZT

100

DINGE MEHR!

UNSERE ERDE

ICH WEISS JETZT

100

DINGE MEHR!

UNSERE ERDE

Text:
Jerome Martin, Darran Stobbart,
Alice James und Tom Mumbray

Illustrationen:
Federico Mariani, Parko Polo
und Dale Edwin Murray

Gestaltung:
Jenny Offley, Lenka Hrehova
und Tilly Kitching

Fachliche Beratung:
Dr. Roger Trend

1 Afrika ist je nach Landkarte größer oder kleiner als Grönland.

Kartografen gestalten Landkarten. Doch wie können sie die kugelförmige Erde auf einer flachen Landkarte darstellen? Es gibt zwar verschiedene Methoden dafür, aber keine Karte kann die Erde wirklichkeitsgetreu abbilden.

Eine Karte mit vielen Orten, die in diesem Buch erwähnt sind, findest du auf den Seiten 120 und 121. Erklärungen wissenschaftlicher Begriffe findest du auf den Seiten 124 und 125.

Weltkarten stellen Kontinente und Länder verzerrt dar: Dadurch erscheinen diese viel größer oder kleiner, als sie tatsächlich sind.

Die **Mercator-Projektion** wurde 1569 von Gerhard Mercator erfunden. Die *Formen* der Länder sind zwar korrekt …

… aber die *Flächen* der Polarregionen erscheinen größer als in Wirklichkeit.

Die **Peters-Projektion** wurde 1974 von Arno Peters entwickelt. Sie gibt die *Flächen* der Länder ihrer Größe entsprechend korrekt wieder …

… aber die *Formen* der Gebiete am Äquator und an den Polen sind stark verzerrt.

Selbst mit digitalen Weltkarten lässt sich dieses Problem nicht lösen.

2 Mit Schatten und einem Kamel lässt sich die Erde vermessen.

In alten Zeiten wusste niemand, wie groß die Erde wirklich war. Vor etwa 2.300 Jahren gelang es dem Gelehrten Eratosthenes mit einer einfachen Methode, den Erdumfang zu bestimmen. Sein Ergebnis war überraschend genau.

3 Die Lebensbedingungen auf der Erde sind für uns genau richtig.

Die Erde umkreist die Sonne in einem Abstandsbereich, der als **bewohnbare Zone** oder **Goldlöckchen-Zone** bezeichnet wird. Hier erreicht gerade genug Sonnenstrahlung den Planeten, um Leben zu ermöglichen. Die Erde ist bisher der einzige Ort, von dem wir wissen, dass Leben existiert.

Warum sind die Bedingungen auf der Erde gerade richtig?

Flüssiges Wasser
Durch den Abstand der Erde von der Sonne ist es gerade warm genug, dass das Wasser auf der Erdoberfläche dauerhaft flüssig ist. Das ist wichtig für alles Leben. Wäre die Erde näher an der Sonne, würde das Wasser kochen; wäre die Erde weiter entfernt, würde der Planet gefrieren.

Sich verschiebende Kontinente
Die Erdkruste ist unaufhörlich in Bewegung. Dadurch werden lebenswichtige Elemente wie Kohlenstoff oder Eisen ständig umverteilt und wiederverwertet.

Genug Atmosphäre
Durch ihre Größe verfügt die Erde über eine ausreichend starke Anziehungskraft, um die sie umgebende Atmosphäre zusammenzuhalten. Die Atmosphäre schützt die Erde vor tödlicher Strahlung aus dem Weltall.

Die Tatsache, dass wir bisher nur vom Leben auf der Erde wissen, bedeutet jedoch nicht, dass sie der einzige Ort im Universum ist, auf dem Leben existiert.

4 Wildkaninchen veränderten die Tier- und Pflanzenwelt in Australien.

Tier- oder Pflanzenarten, die sich in einem Gebiet außerhalb ihrer Heimat ausbreiten, nennt man **invasiv**. Sie können in den neuen Lebensräumen großen Schaden anrichten, da sie einheimische Arten bedrohen oder verdrängen.

In Australien verursachen Wildkaninchen, die sich in großer Zahl vermehren, weitreichende Schäden. Das Problem soll 1859 seinen Anfang genommen haben, als der englische Siedler Thomas Austin auf seinem Land **24 Wildkaninchen** aussetzte.

Die Kaninchen vermehrten sich …

… und vermehrten sich …

… und vermehrten sich.

Zwischen 1901 und 1907 wurde ein 3.000 km langer Zaun errichtet, damit die Kaninchen sich nicht weiter ausbreiteten. Der Plan ging jedoch nicht auf, denn die Kaninchen gruben sich einfach unter dem Zaun hindurch.

In nur 60 Jahren stieg die Anzahl von Wildkaninchen in Australien auf etwa **10 Milliarden** an.

Sie verbissen Gras, kleine Pflanzen und junge Bäume bis hinunter zu den Wurzeln. Neue Pflanzen konnten nicht nachwachsen und für die einheimischen Tierarten blieb kaum Futter übrig.

Die nackte, ungeschützte Erde wurde vom Wind weggeweht. Bisher von Pflanzen bedeckte Gebiete wurden öde und trocken.

Wildkaninchen sind in Australien nach wie vor eine invasive Art und gelten als Plage. Ihre Anzahl wird von der Regierung streng kontrolliert.

5 Nur ein winziger Teil des weltweiten Süßwassers ist trinkbar.

Die Erde wird oft als **blauer Planet** bezeichnet, da die Oberfläche zu 70 % von Wasser bedeckt ist. Davon sind etwa 97 % Salzwasser und nur 3 % Süßwasser. Das meiste Süßwasser ist für uns nicht als Trinkwasser verfügbar.

Das Innere des Planeten besteht zum Großteil aus festem Gestein und geschmolzener Gesteinsmasse, dem sogenannten **Magma**.

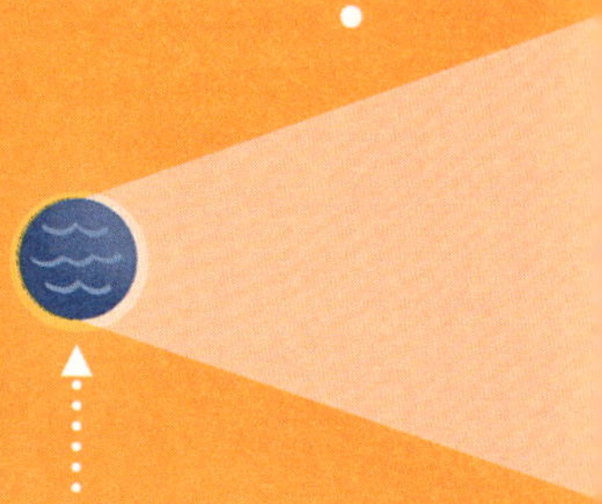

Vom **Volumen** her macht das Wasser auf der gesamten Erde nur einen Anteil von 0,02 % aus.

6 Netze, Seile und Plastiktüten wurden im Bauch eines Wals gefunden.

Als 2018 ein junger Pottwal in Spanien an die Küste gespült wurde, fand man in seinem Magen unter anderem 30 kg Plastikmüll.

Wissenschaftler vermuten, dass die Abfälle das Verdauungssystem des Wals geschädigt und das Tier so getötet haben.

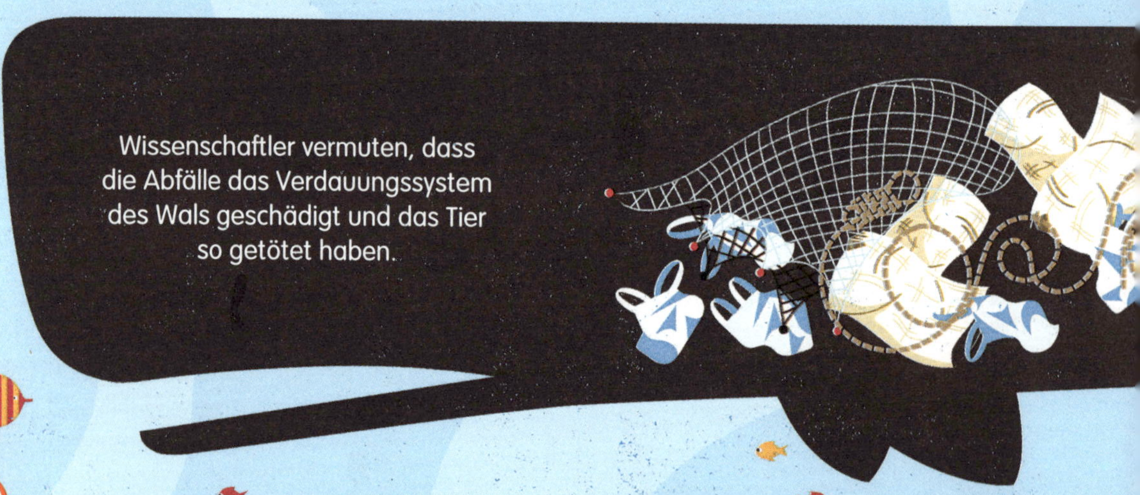

97 % des Wassers auf der Erde ist Salzwasser in Meeren und Ozeanen.

Der Rest ist Süßwasser.

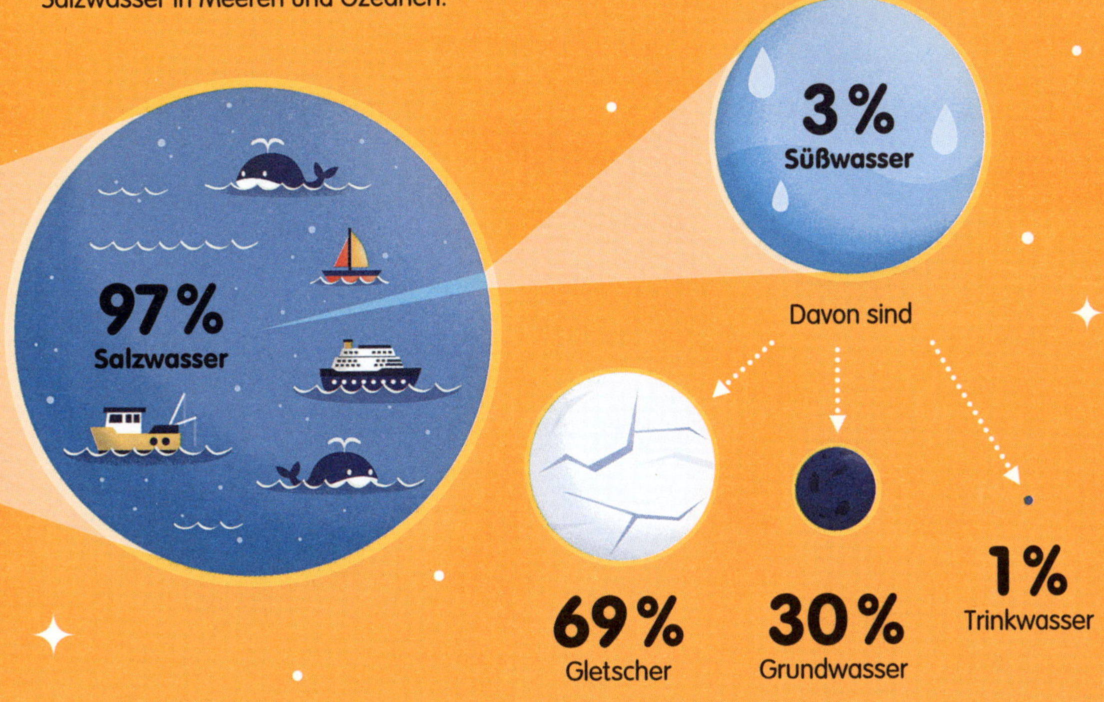

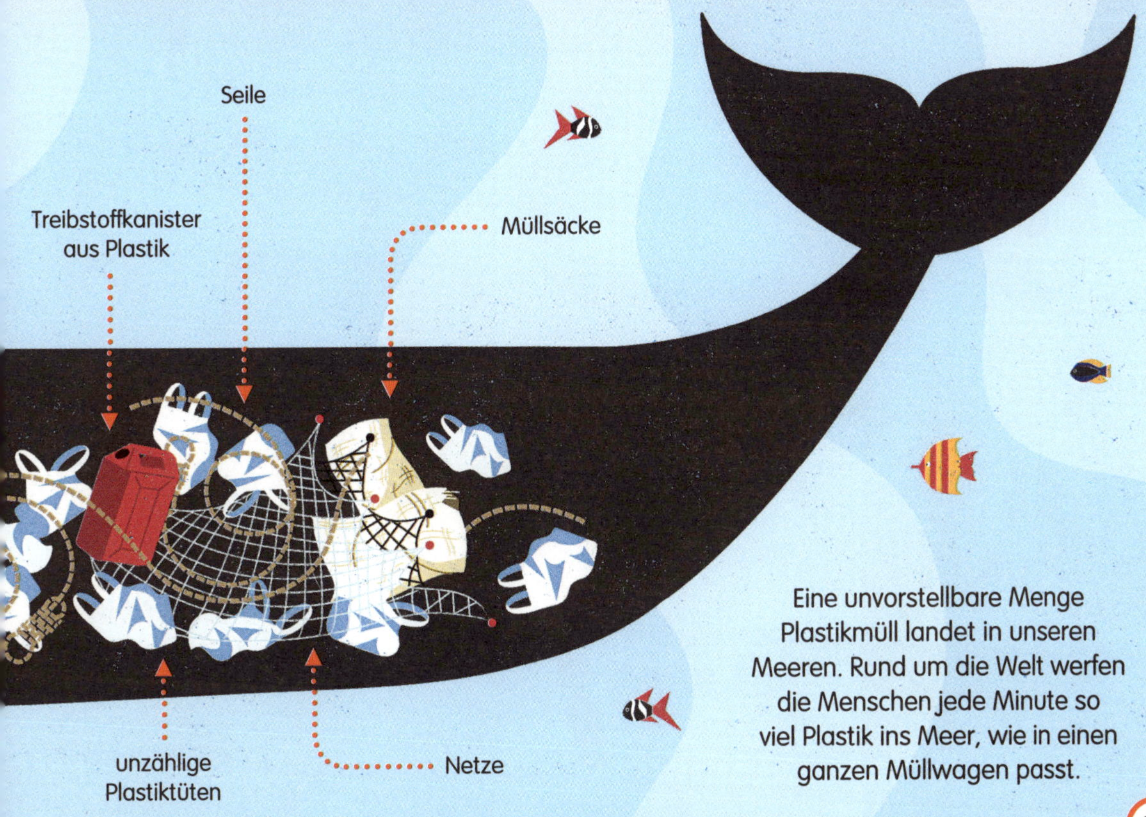

Eine unvorstellbare Menge Plastikmüll landet in unseren Meeren. Rund um die Welt werfen die Menschen jede Minute so viel Plastik ins Meer, wie in einen ganzen Müllwagen passt.

7 Bakterien sind Überlebenskünstler.

Bakterien sind mikroskopisch kleine Organismen. Sie gehören zu den kleinsten und widerstandsfähigsten Lebensformen auf der Erde. Manche Arten können in den extremsten Umgebungen überleben. Dazu gehören …

… die tiefsten Tiefen des Ozeans.

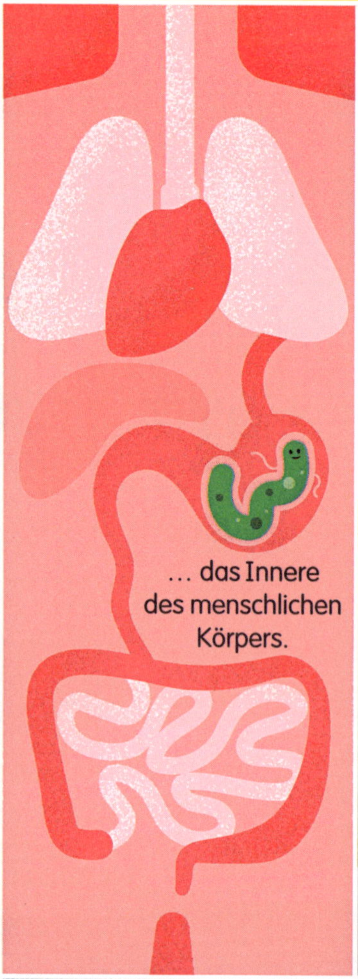

… das Innere des menschlichen Körpers.

… das arktische Eis.

… das Innere von Gestein.

… die Oberfläche von Hagelkörnern.

Wissenschaftler nennen Lebensformen, die sich solchen schwierigen Umweltbedingungen angepasst haben, **Extremophile**.

8 Alle Bakterien wiegen mehr als alle Menschen zusammen.

Bakterien sind so winzig klein, dass 10.000 von ihnen auf der Spitze eines Bleistifts Platz haben. Da es jedoch so viele Bakterien auf der Erde gibt, wiegen sie zusammen unfassbar viel mehr als alle Menschen zusammen.

Durchschnittliches Gewicht eines ausgewachsenen Menschen:
62 kg

Durchschnittliches Gewicht eines einzelnen Bakteriums:
0,000000000000000665 kg

Alle Menschen auf der Erde:
31,6 Milliarden kg

Alle Bakterien auf der Erde:
544 Milliarden kg

Auch wenn ein einzelner Mensch viel größer als ein einzelnes Bakterium ist, leben so viele Bakterien auf der Erde, dass sie alle zusammen ein viel größeres Gewicht aufbringen.

Es gibt schätzungsweise **5.000.000.000.000.000.000.000.000.000.000** einzelne Bakterien auf der Welt. (Das ist eine Fünf mit **dreißig Nullen**.)
Viele Bakterienarten erfüllen wichtige Funktionen. Sie können chemische Stoffe im Boden und im Wasser zersetzen und umwandeln, damit unsere Umwelt intakt bleibt.

9 Nach dem Regen wird die Wüste zum Blütenmeer.

Wüsten sind die trockensten Orte der Erde, aber trotzdem gelingt es vielen Pflanzenarten, dort jahrelang zu überleben. Da ihre Samen Wasser brauchen, um zu wachsen, ruhen sie lange Zeit im Boden und warten auf Regen.

10 Auch Bäume können schüchtern sein.

Wenn du im Wald nach oben in die Baumkronen schaust, kannst du feststellen, dass sich die Blätter und Zweige bestimmter Bäume nicht berühren. Dieses Phänomen wird auf Englisch **Crown Shyness** genannt, was so viel wie **„Baumkronen-Schüchternheit“** bedeutet.

11 Ein Massensterben löschte fast alle Arten von Meereslebewesen aus.

Vor rund 250 Millionen Jahren starben auf der Erde 75 % aller Arten von Lebewesen aus. Dazu gehörten auch 96 % aller Arten in den Ozeanen. Wissenschaftler bezeichnen dieses Ereignis als das Massenaussterben an der **Perm-Trias-Grenze**.

Was ist eine Art?

Eine Art ist die kleinste Einheit bei der Einteilung von Lebewesen. Mitglieder einer Art sehen sich ähnlich, haben das gleiche Verhalten und können sich miteinander fortpflanzen.

Auf dieser Doppelseite sind 100 Lebewesen abgebildet. Jedes Lebewesen steht für 1 % der verschiedenen Arten in den Meeren der Erde, *bevor* sich das Massenaussterben an der Perm-Trias-Grenze ereignete.

Was war der Grund für das große Massenaussterben?

Ein Asteroid, der auf der Erde einschlug?

Ausstoß von Methangas, das sich unter dem Meer angestaut hatte?

Ein riesiger Vulkanausbruch?

Sinkender Sauerstoffgehalt im Wasser?

Dies sind einige mögliche Theorien. Wissenschaftler wissen nicht, ob das Massenaussterben durch eine Ursache oder eine Kombination dieser Ursachen ausgelöst wurde.

Auch wenn es eine große Katastrophe war, so ermöglichte das Massenaussterben, dass sich neue Arten auf dem Land und im Wasser entwickeln konnten. Innerhalb von 10 Millionen Jahren verbreiteten sich die Vorläufer der Dinosaurier.

Alle blaugrauen Lebewesen symbolisieren ausgestorbene Arten. Die vier bunten Lebewesen stehen für die **4 %** von Arten im Meer, die überlebten. **Alle** heute im Meer vorkommenden Lebewesen stammen von diesen 4 % ab.

12 Wir leben in einer bald endenden Eiszeit.

Seit der Planet Erde entstanden ist, hat sich sein Klima ständig verändert. Es gab brodelnd heiße Ozeane und lange Eiszeiten, von denen die letzte immer noch andauert. Auf dieser Doppelseite ist dargestellt, wie sich das Klima der Erde im Laufe der letzten 4,6 Milliarden Jahre bis heute verändert hat.

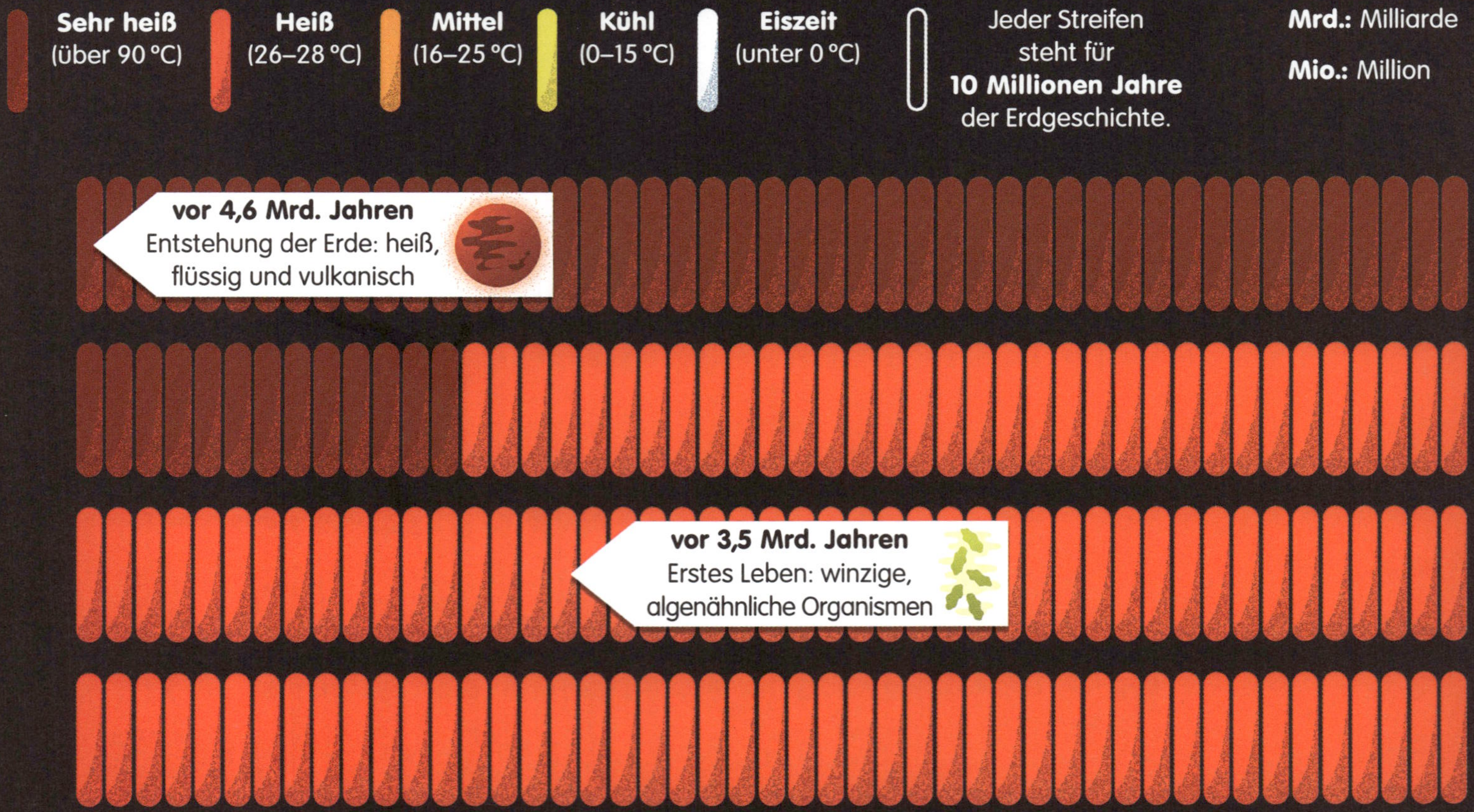

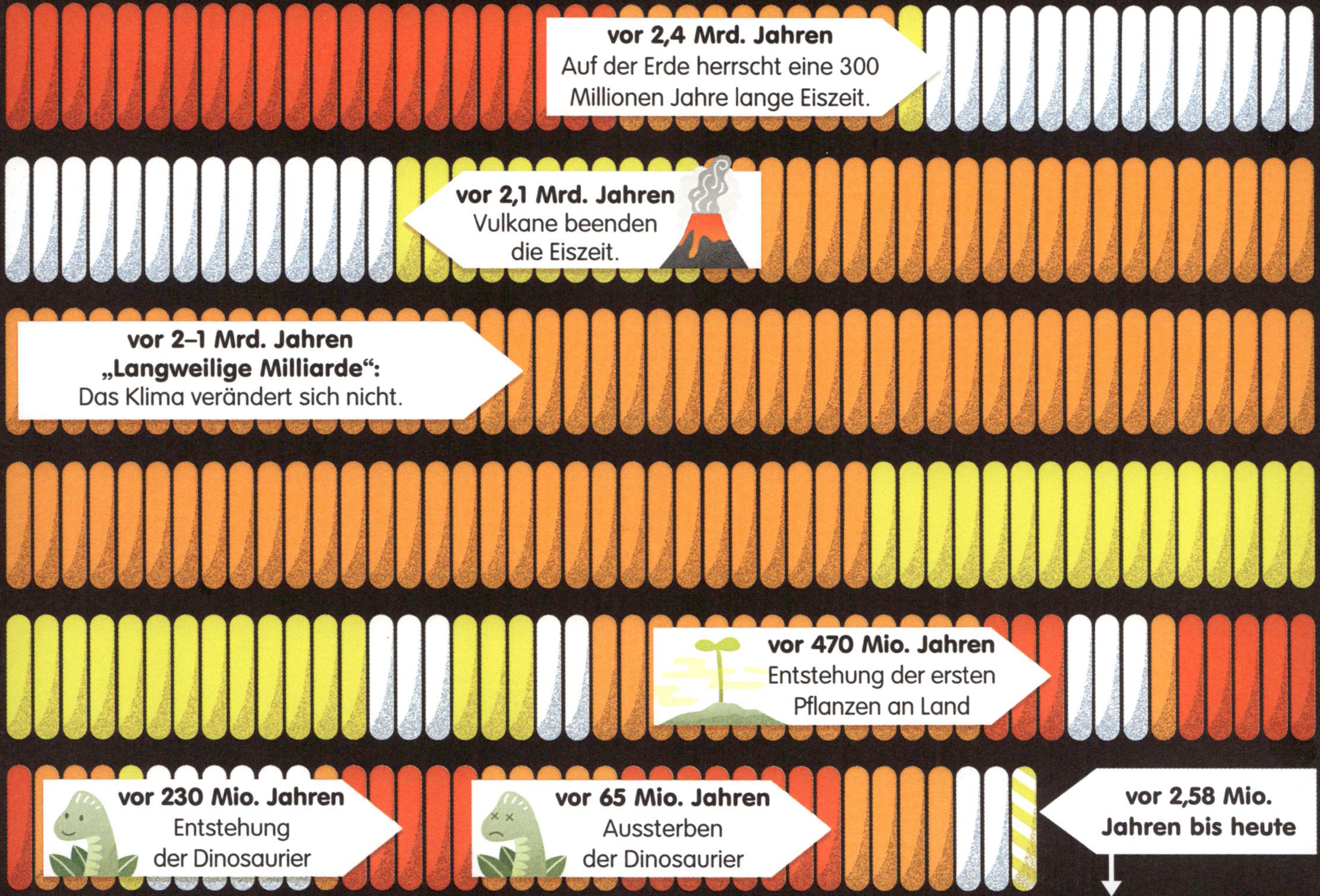

Eine neue Eiszeit, das sogenannte **Quartäre Eiszeitalter**, begann vor 2,58 Millionen Jahren und dauert bis heute an. Auf der Erde haben sich im Laufe der Zeit immer sehr kalte Abschnitte mit relativ warmen Abschnitten abgewechselt. Durch menschliche Aktivitäten wird es jedoch auf der Erde stetig wärmer, wodurch die permanenten Eisdecken an den Polen schmelzen. Möglicherweise wird der Planet im nächsten Kälteabschnitt nicht wie gewohnt überfrieren.

13 In der Atacama-Wüste proben Wissenschaftler die Erforschung des Mars.

Die Atacama-Wüste in Chile (Südamerika) ist die trockenste Wüste der Erde. In der steinigen und öden Landschaft herrschen ähnliche Lebensbedingungen wie auf dem Planeten Mars. Deshalb werden dort Mars-Fahrzeuge erprobt.

Die Atacama-Wüste besteht überwiegend aus trockenem, steinigem Salzboden, Lavagestein und ausgetrockneten Seen.

Die Beschaffenheit des Bodens ähnelt dem Mars so sehr, dass hier die neuen Mars-Rover getestet werden.

Wie trocken ist die Atacama-Wüste?
Die Gegend ist bereits seit bis zu **20 Millionen Jahren** eine Wüste. An einigen Orten gibt es keine Anzeichen dafür, dass *jemals* ein Tropfen Regen gefallen ist.

Doppelter Schatten

Die hohen Gebirgsketten auf beiden Seiten der Atacama-Wüste halten alle Regenwolken davon ab, über die Wüste zu ziehen. Es entsteht ein besonders trockenes Gebiet, das **Regenschatten** genannt wird.

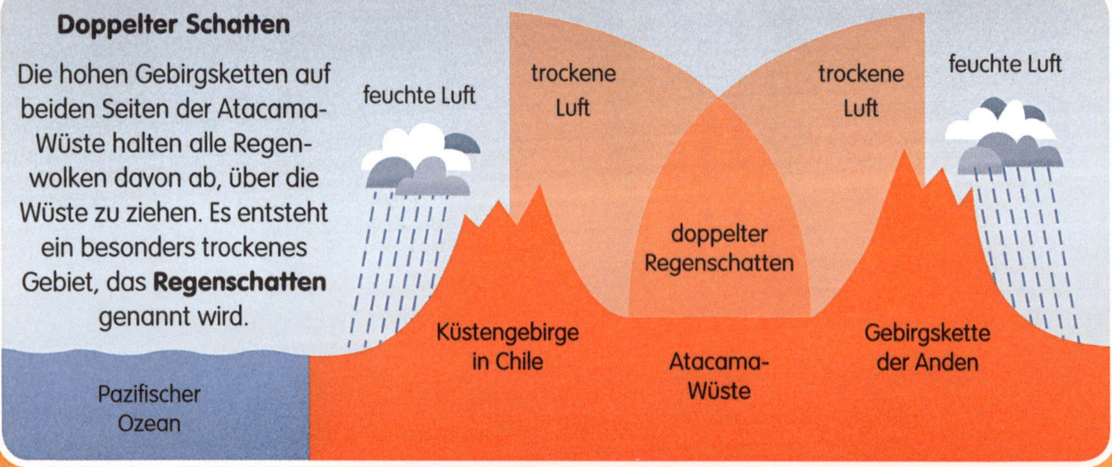

Falls es Leben auf dem Mars gibt, dann existiert es wahrscheinlich in Form von **Mikroben**, das sind einfache, mikroskopisch kleine Organismen, die in der Erde leben.

Solche Mikroben kommen auch im Boden der Atacama-Wüste vor. Aus diesem Grund testen Wissenschaftler hier Geräte zum Bohren und für das Entnehmen von Bodenproben, die sie eines Tages auf dem Mars verwenden wollen.

Nebelpflanzen

Am Rand der Atacama-Wüste zieht vom Pazifischen Ozean her oft Nebel auf. Einige wenige Wüstenpflanzen können hier überleben, indem sie die Feuchtigkeit des Nebels aufnehmen.

Blick in die Sterne

Der Nachthimmel über der Atacama-Wüste ist klar, trocken, unverschmutzt und sehr dunkel. Daher ist die Wüste ein idealer Standort für Observatorien, um den Sternenhimmel zu beobachten.

14 Sand kann singen, pfeifen und sogar brüllen.

In manchen Wüsten auf der Welt gibt es Sanddünen, die geheimnisvolle Töne von sich geben. Sie pfeifen, bellen, brummen und brüllen.

Wissenschaftler vermuten, dass die Geräusche entstehen, weil Sandkörner das Mineral **Quarz** enthalten.

So musiziert die Wüste:
Durch die Winde in der Wüste rieseln Sandkörner an den Seiten der Dünen herunter. Dabei reiben die Körnchen aneinander und der Quarz in ihnen beginnt zu vibrieren.

Sandkörner von ähnlicher runder Form und Größe vibrieren alle mit der gleichen Frequenz von rund **100 Mal pro Sekunde**.

Wenn viele Sandkörner gleichzeitig vibrieren, erzeugen sie Töne, die deutlich zu hören sind.

Unterschiedlich große Sandkörner erzeugen unterschiedlich hohe oder tiefe Töne.

Sand in Marokko:
0,15 bis 0,17 mm

Tonhöhe:
ein tiefes **Gis**

Sand in Oman:
0,15 bis 0,31 mm

Tonhöhe:
neun Töne zwischen **Fis** und **D**

15 Begehrter Rohstoff: Sanddiebe stehlen ganze Strände.

Eine neue Art von Verbrechen führt auf der ganzen Welt zu großen Schäden an den Küsten: Banden von Sanddieben tragen ganze Strände ab, verladen den Sand auf Lastwagen und schmuggeln ihn zu Baustellen.

Jedes Jahr sind weltweit **Milliarden von Lastwagenladungen Sand** für die Herstellung von Beton und Glas erforderlich, um Straßen und Gebäude zu bauen. Deshalb ist Sand ein gesuchter Rohstoff.

Nicht jeder Sand eignet sich zum Bauen. Die Körner von Wüstensand sind für die Betonherstellung zu rund und glatt. Scharfkantigere Sandkörner von Stränden und aus Flüssen sind am besten geeignet.

Diese Art von Sand ist jedoch erstaunlich rar.

Es dauert Tausende von Jahren, bis sich Steine, Muscheln und Korallen zu kleinen Körnern abgeschliffen haben und dann an die Strände gespült werden.

Sand ist der natürliche Rohstoff, von dem der Mensch *am meisten* verbraucht, abgesehen von Wasser.

Die Nachfrage ist so groß, dass Verbrecherbanden ganze Strände abtragen, um den Sand an den meistbietenden Interessenten zu verkaufen.

16 Ein Unterwasser-Wasserfall ist der weltweit größte Wasserfall.

Der Salto Ángel in Venezuela ist der höchste freifallende Wasserfall an Land. In der **Dänemarkstraße**, einer Meerenge zwischen Island und Grönland, liegt ein untermeerischer Wasserfall, der dreimal höher ist.

Es herrscht Uneinigkeit, welcher Wasserfall an Land der größte der Welt ist, da ein Wasserfall auf unterschiedliche Weise gemessen werden kann.

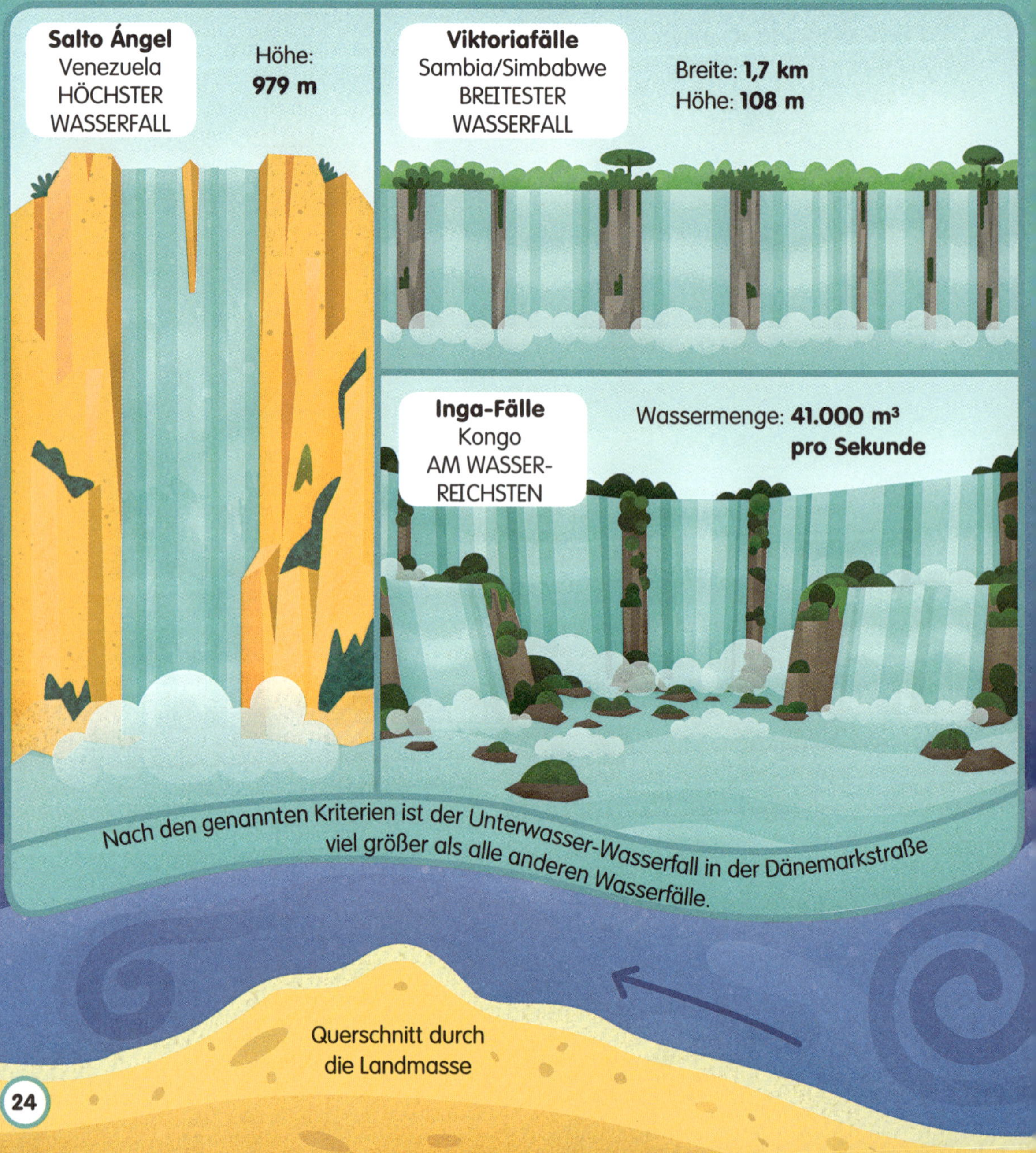

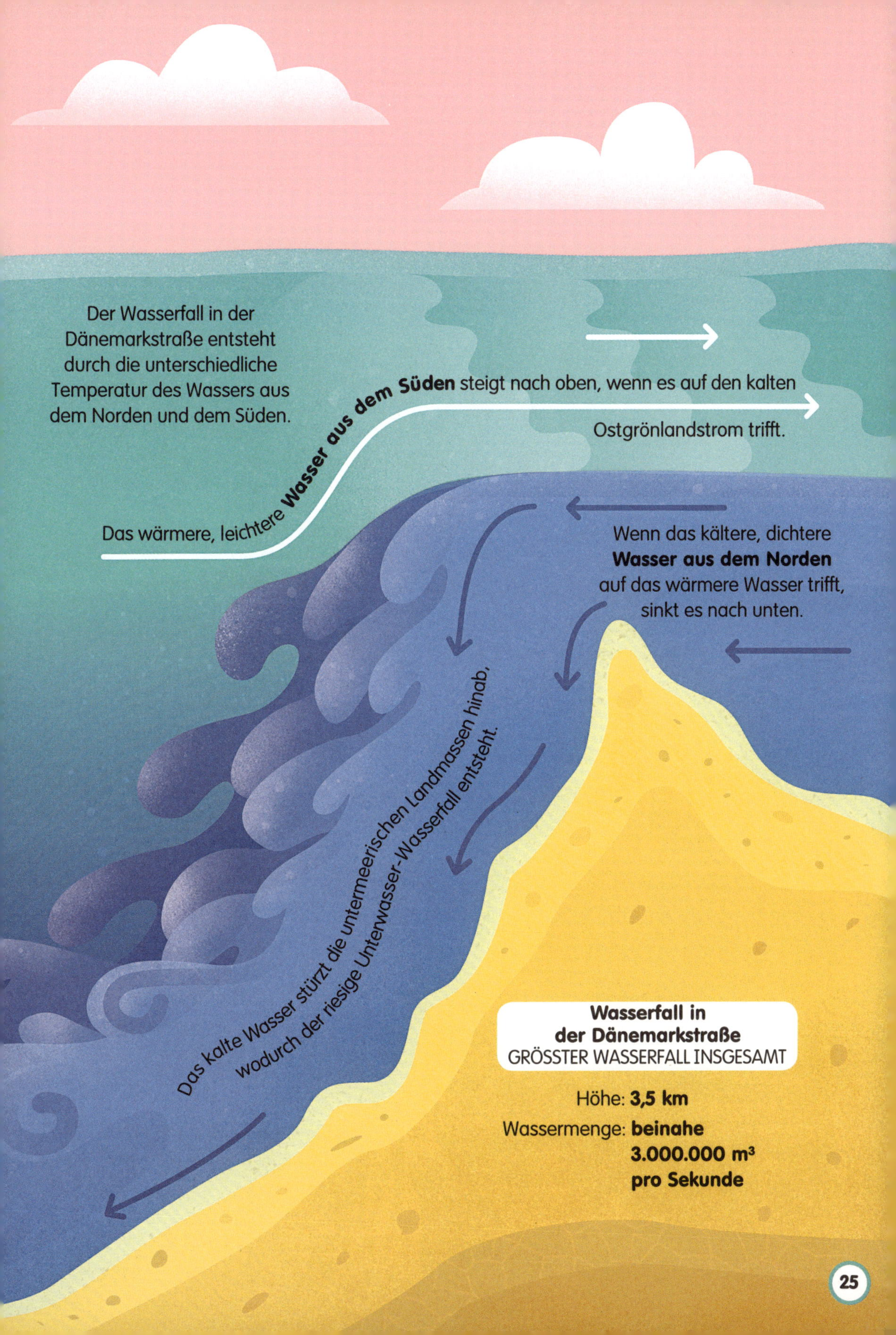
Der Wasserfall in der Dänemarkstraße entsteht durch die unterschiedliche Temperatur des Wassers aus dem Norden und dem Süden.
Das wärmere, leichtere **Wasser aus dem Süden** steigt nach oben, wenn es auf den kalten Ostgrönlandstrom trifft.
Wenn das kältere, dichtere **Wasser aus dem Norden** auf das wärmere Wasser trifft, sinkt es nach unten.
Das kalte Wasser stürzt die untermeerischen Landmassen hinab, wodurch der riesige Unterwasser-Wasserfall entsteht.
Wasserfall in der Dänemarkstraße
GRÖSSTER WASSERFALL INSGESAMT
Höhe: **3,5 km**
Wassermenge: **beinahe 3.000.000 m³ pro Sekunde**

17 Zukünftige Astronomen werden einen anderen Nordstern sehen.

Die Erde dreht sich um eine Nord-Süd-Achse, das heißt, um eine gedachte Linie durch den Planeten herum. Im Norden zeigt die Erdachse auf einen Stern, der als Nordstern bezeichnet wird. Das ist der Polarstern. Doch er wird nicht für immer der Nordstern bleiben.

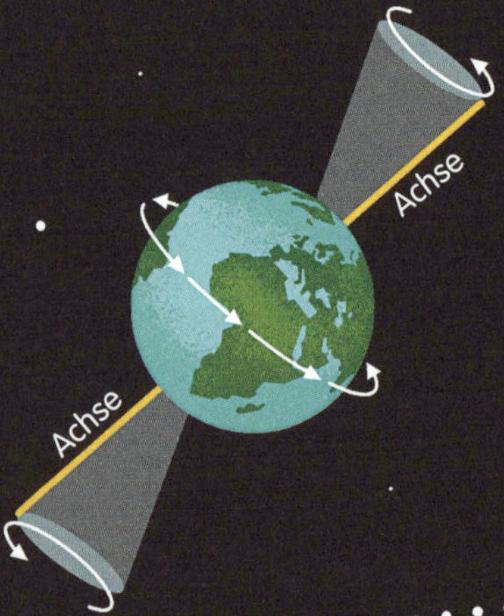

Die Erde dreht sich um eine leicht schiefe Achse, ähnlich wie ein Spielzeugkreisel. Aufgrund dieser schiefen Achse beschreibt die Erdachse im Laufe von **25.800 Jahren** einen großen Kreis. Dadurch verschiebt sich der Drehpunkt der Erde und die Erdachse zeigt auf einen anderen Nordstern.

Der von der Erdachse beschriebene Kreis wird **Präzession** genannt.

Je nachdem, wann künftige Astronomen in den Himmel schauen und wo sich die Erde gerade in diesem Kreis befindet, sehen sie einen anderen Nordstern als den Polarstern.

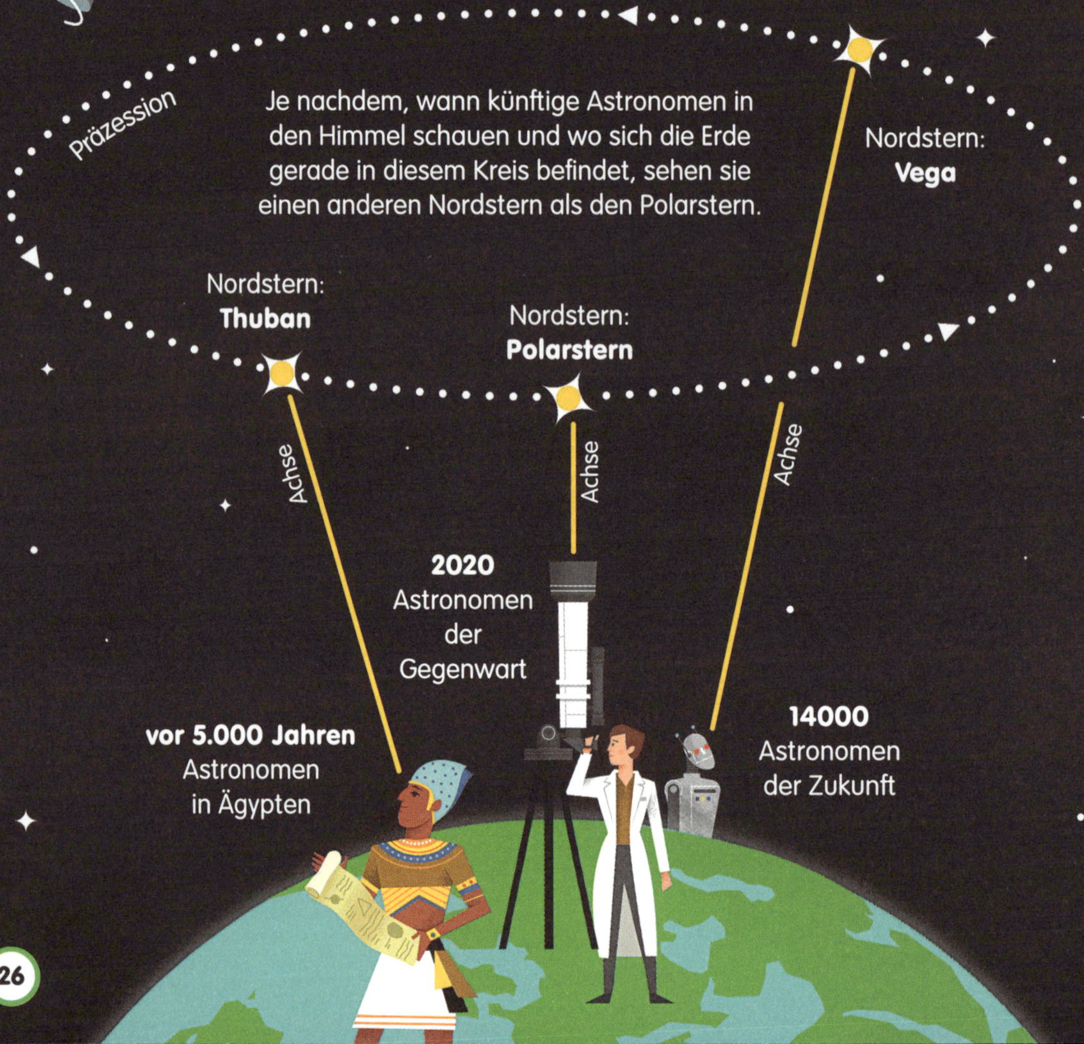

18 Ohne die Anziehungskraft des Mondes würde die Erde schwanken.

Die Erde ist um etwa 23 Grad zur Seite geneigt und dreht sich um die Erdachse. Die Anziehungskraft des Mondes stabilisiert die Erdachse und verhindert, dass sie sich in einen anderen Winkel verlagert. Das hätte gefährliche Folgen für das Leben auf der Erde.

Ohne den Mond würde die Erde „kippen" und dadurch ihre Ausrichtung zur Sonne verändern.

Das würde die Sonneneinstrahlung und das Klima beeinflussen.

Dank des Mondes verändert die Erdachse ihre Achsenneigung nur um 2,4 Grad.

Die Neigung der Erdachse ist wichtig, damit auf der Erde Leben möglich ist.

19 Aus einem ächzenden Riesenkrater steigen giftige Gase auf.

Im eisigen Nordosten von Russland hat sich eine riesige Vertiefung in der Erde aufgetan, der **Batagaika Megaslump**. Der Riesenkrater stößt Gase aus, gibt unheimliche Geräusche von sich und ist warm genug, um Eis zum Schmelzen zu bringen. Manche nennen ihn „das Tor zur Unterwelt".

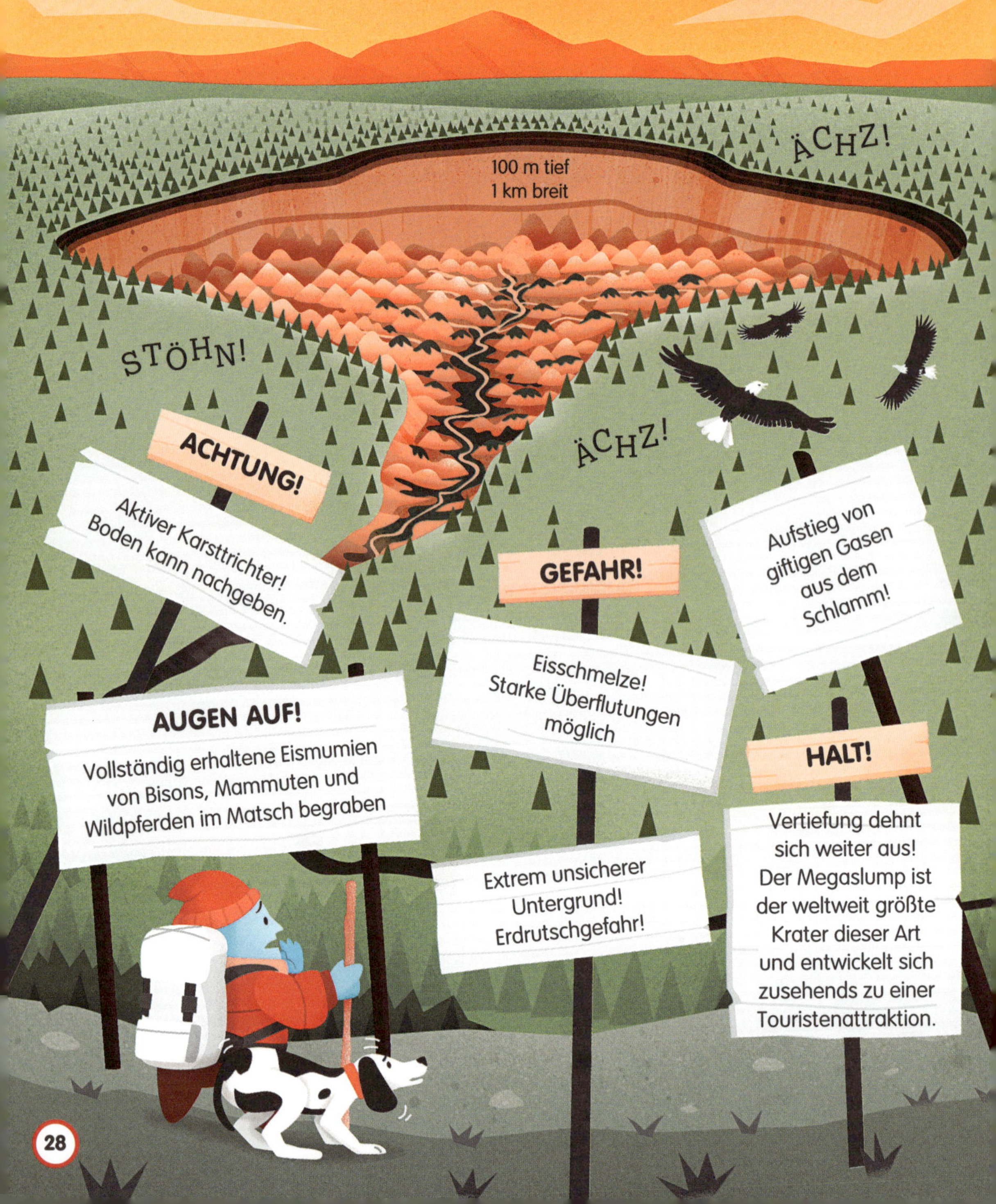

20 Der „Schuldhaufen“ besteht aus fossilem Holz – und Reue.

Im US-Bundesstaat Arizona liegt vor den Toren des **Petrified-Forest-Nationalparks** ein kleiner Hügel aus auffällig gestreiften und gemusterten Steinen. Diese Steine sind verkieseltes Holz, das heißt, die Überreste alter Bäume, die im Laufe von Jahrmillionen versteinert sind.

Der Nationalpark schützt die Überreste eines Waldes, der rund 210 Millionen Jahre alt ist.

Einige Besucher stehlen die Versteinerungen als Souvenir. Viele senden die Fossilien jedoch später aus Reue zurück oder weil sie glauben, die Steine brächten ihnen Unglück.

LIEBER PARKHÜTER,

ICH MÖCHTE IHNEN DIESEN STEIN ZURÜCKGEBEN. SEIT ICH IHN UNERLAUBT EINGESTECKT HABE, HAT ER MIR NUR PECH GEBRACHT.

ANONYM

Lieber Parkhüter,

diese Fossilien habe ich im letzten Sommer aus Ihrem Park mitgenommen. Sie sind wunderschön, aber sie gehören dorthin, wo Wissenschaftler sie untersuchen und alle Besucher sich an ihnen erfreuen können. Es tut mir leid.

Mit freundlichen Grüßen
ein Steinsammler

Wie kann Holz versteinern?

Dieses Stück Holz lag viele Millionen Jahre in der Erde. Mineralien drangen langsam durch den Boden und lagerten sich in den kleinen Zwischenräumen im Holz ab. So wurde aus dem Holz eine feingemusterte Versteinerung.

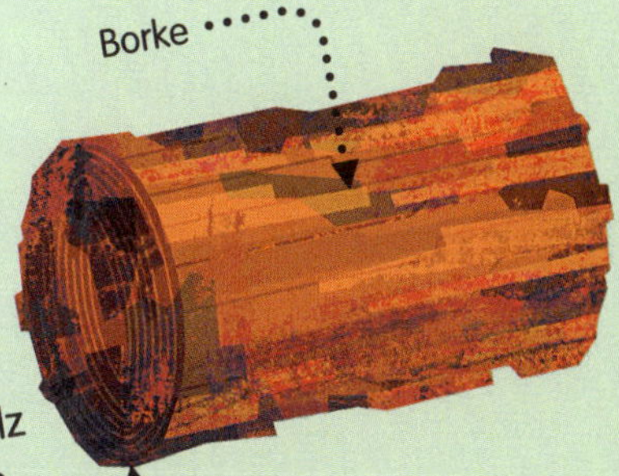

Der „Schuldhaufen“

Die Parkhüter legen alle zurückgegebenen Fossilien auf den sogenannten „Schuldhaufen“.

Der „Schuldhaufen“ soll die Besucher daran erinnern, dass es unsere Aufgabe ist, die Naturwunder unseres Planeten zu erhalten.

21 Bei starken Erdbeben schwingt die Erde wie eine Glocke.

Wenn es irgendwo ein starkes Erdbeben gibt, vibriert die Erde und sendet Schallwellen in die Atmosphäre. Die Frequenz der Schallwellen ist so niedrig, dass Menschen sie nicht wahrnehmen können. Die Wellen können jedoch von Satelliten im Weltraum gemessen werden.

Die von Erdbeben verursachten Schallwellen heißen **Infraschall**.

Sie setzen sich von der Erde aus fort und bringen die Atmosphäre zum Schwingen. Diese Schwingungen werden von Satelliten aufgefangen, die die Erde umkreisen.

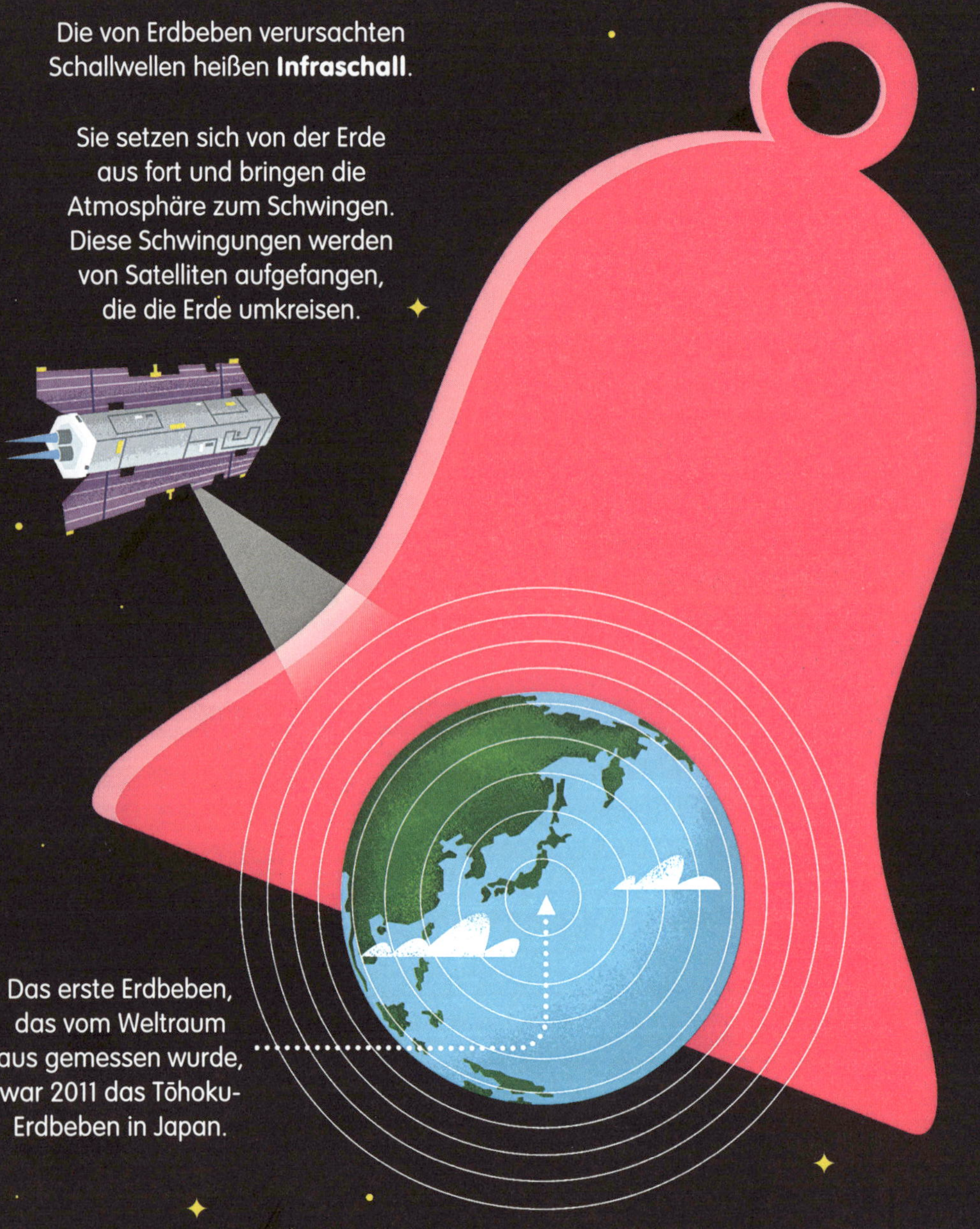

Das erste Erdbeben, das vom Weltraum aus gemessen wurde, war 2011 das Tōhoku-Erdbeben in Japan.

Anhand der Infraschallwellen können Wissenschaftler genau feststellen, wo sich das Erdbeben ereignete. So können Rettungsdienste direkt zu den am schlimmsten betroffenen Gebieten fahren.

22 Plastiglomerat ist ein Gestein, das aus Müll besteht.

Geologen entdeckten eine völlig neue Art von Gestein: Das sogenannte **Plastiglomerat** entsteht aus geschmolzenem Plastikmüll gemischt mit Sand, Muscheln und Kieselsteinen.

Plastiglomerat formt sich meist, wenn Menschen am Strand ein Lagerfeuer anzünden und der Sand stark mit Plastikmüll verschmutzt ist.

Durch die Hitze des Feuers schmilzt das Plastik im Sand und bildet später steinartige Klumpen, die Jahrhunderte überdauern können.

Hier sind weitere Materialien, die der Mensch geschaffen hat:

Trinitit ...
ist ein schwach radioaktives, grünliches Glas, das bei einem Atomwaffentest 1945 entstand. Durch die Hitze verschmolzen Quarz und Feldspat.

Abhurit ...
ist ein Mineral, das entsteht, wenn Zinn mit Meerwasser in Berührung kommt. Es ist meist in alten Schiffswracks zu finden, die Zinn geladen hatten.

Kriegssand ...
ist Sand mit feinen Partikeln von Eisen, Stahl und Glas. Die Partikel sind Überreste der Geschosse und Bomben einer Schlacht, die 1944 an den Stränden der französischen Normandie ausgetragen wurde.

23 Ganz langsam bildet sich ein neuer Superkontinent.

Die Erdkruste und der obere Teil des Erdmantels bestehen aus den sogenannten **tektonischen Platten** – wie ein riesiges Puzzle. Diese Platten treiben langsam auf dem zähflüssigen Gestein des Erdmantels und bilden im Laufe der Zeit neue Kontinente und Ozeane.

... gab es einen einzigen Superkontinent namens Pangäa.

... hatte die tektonische Erdverschiebung die sieben Kontinente gebildet, die wir heute kennen.

... wird sich wahrscheinlich ein neuer Superkontinent namens Pangäa Proxima formen.

● Nordamerika ● Eurasien ● Afrika ● Australien ● Antarktika ● Indien ● Südamerika

24 Mitten in Afrika entsteht ein neuer Ozean.

EILMELDUNG

BLEIBEN SIE DRAN: WISSENSCHAFTLER VERMUTEN, DASS DER NEUE OZEAN IN DEN NÄCHSTEN 1 BIS 10 MILLIONEN JAHREN ENTSTEHT.

25 Das Magnetfeld der Erde schützt das Leben auf unserem Planeten.

Der harte Erdkern ist umgeben von einer Schicht aus flüssigem Metall. Hitze und Druck sorgen dafür, dass sich das Material ständig bewegt. Die Wärmeströmungen in dieser Schicht erzeugen ein starkes **magnetisches Feld**. Es schützt die Erde vor der schädlichen Sonnenstrahlung.

26 Kot von Seevögeln hält die Arktis kühl.

Jeden Sommer hinterlassen unzählige Kolonien von Seevögeln riesige Mengen Kot in der Arktis. Wissenschaftler haben herausgefunden, dass die stark riechenden Ammoniakverbindungen, die in den Exkrementen enthalten sind, einen wichtigen Kühleffekt haben.

Die neuen Teilchen ballen sich zu hellen, reflektierenden Wolken zusammen. Diese Wolken werfen die Strahlen der Sonne zurück, wodurch es in der Arktis kühl bleibt.
neu entstandene Teilchen
Ammoniak reagiert mit chemischen Stoffen in der Gischt und bildet neue Teilchen.

27 Die Erdanziehungskraft ist in manchen Teilen der Erde schwächer.

Die Erdanziehungskraft ist die Kraft, die uns auf dem Boden hält. Sie ist jedoch nicht überall auf der Erde gleich stark. Untersuchungen belegen, dass die Erdanziehungskraft im Gebiet um die Hudson Bay in Kanada schwächer ist als im Rest des Landes. Das kommt so:

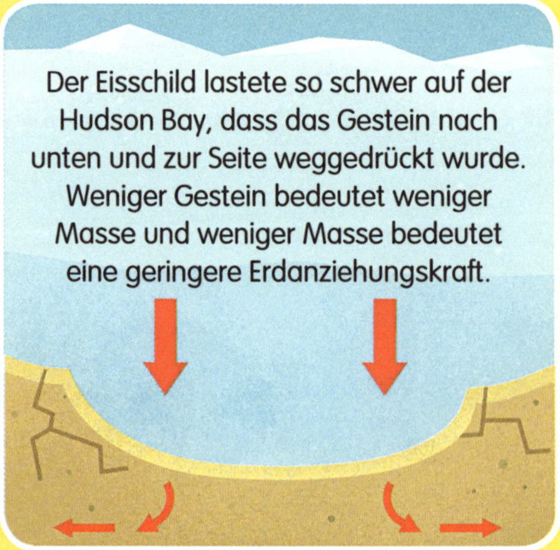

28 In Indien fiel einmal blutroter Regen.

Von Juli bis September 2001 fiel im südindischen Bundesstaat Kerala roter Regen. Die Straßen füllten sich mit rotem Wasser und die Wäsche auf den Wäscheleinen bekam rote Flecken. Wissenschaftler sind sich noch uneinig über die Ursache, aber nach und nach gewinnen sie etwas mehr Klarheit …

29 Wir leben im 99. Alter der 34. Epoche der zwölften Periode der dritten Ära im vierten Äon.

Die Erde ist etwas mehr als 4,5 Milliarden Jahre alt. Diese enorme Zeitspanne haben Geologen in **Äonen** eingeteilt. Die ersten drei Äonen dauerten jeweils über 1 Milliarde Jahre. Der laufende vierte Äon ist unterteilt in drei **Ären**, zwölf **Perioden**, 34 **Epochen** und bisher 99 **Alter**.

30 Vulcan Point ist eine Insel in einem See auf einer Insel in einem See auf einer Insel.

Vulcan Point ist eine kleine Insel mitten in einem kleinen Kratersee, der einen Durchmesser von ungefähr 2 km hat.

Der Kratersee entstand 1911 auf der Insel Volcano Island nach einem Vulkanausbruch.

Volcano Island liegt im Taalsee.

Der Taalsee liegt auf der Insel Luzon und füllt einen großen Krater, der durch Vulkanausbrüche vor 500.000 Jahren bis 100.000 Jahren entstand.

Luzon ist die größte Insel der Philippinen.

31 Ganz selten gibt es Blitze, die wie Quallen aussehen.

Gewitter werden meist dadurch verursacht, dass winzige Eispartikel in den Wolken zusammenstoßen. Dadurch baut sich eine elektrische Ladung auf, die sich in Blitzen entlädt. Es gibt Blitze, die wie Quallen aussehen und daher den Namen „Jellyfish Sprites" (dt. „Quallenkobolde") erhielten.

1989 filmten Kameras an Bord einer Raumfähre riesige orangerote Blitze hoch über Gewitterwolken. Diese Blitze wurden aufgrund ihrer Form **Jellyfish Sprites** genannt.

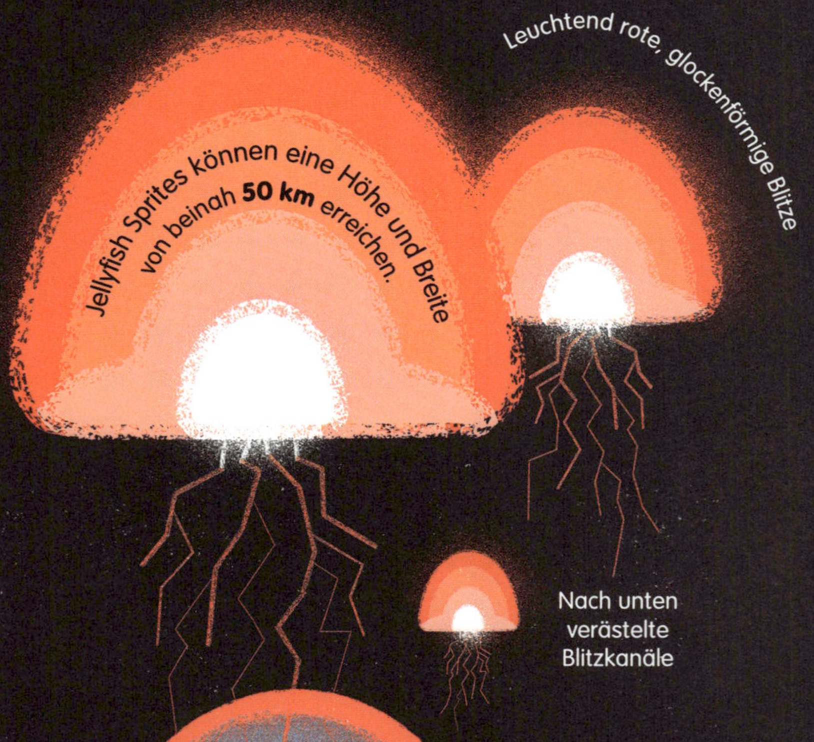

Wissenschaftler erforschen die Ursachen der Sprites. Sie schlagen hoch über Gewitterwolken nach oben aus, während sich die meisten Blitze in den Wolken entladen.

Sprites sind ausgesprochen selten zu beobachten. Das macht es für Wissenschaftler schwierig, sie genauer zu untersuchen.

Andere extreme Bedingungen können ebenfalls Gewitter mit Blitz und Donner verursachen. Unten sind einige Beispiele aufgeführt.

Schneegewitter
Gewitter im Winter sind selten. Sie können jedoch durch Schneeflocken verursacht werden, die während eines Schneesturms in den Wolken herumgewirbelt werden.
Eruptions-gewitter
Bei Eruptionsgewittern stoßen staubfeine Ascheteilchen, die von einem Vulkan ausgestoßen werden, zusammen und erzeugen Blitze.
Feuersturm
Bei Waldbränden entstehen riesige Aschewolken. Die Ascheteilchen können zusammenstoßen und Blitze erzeugen.
Feuerstürme sind besonders gefährlich, da sie noch weitere Flächenbrände auslösen können.
Atomares Gewitter
Atomare Explosionen verursachen enorme Veränderungen im Luftdruck, wodurch Blitze entstehen können.
Durch die Explosion kann es auch zu Regen kommen.

32 Ein Loch in der Atmosphäre heilt von allein.

Die Atmosphäre umgibt die Erde wie eine Lufthülle. Die in ihr enthaltene **Ozonschicht** filtert die für uns gefährliche ultraviolette Sonnenstrahlung. Über der Antarktis hat die Schicht ein Loch, das durch umweltschädliche Gase verursacht wurde. Das Ozonloch scheint sich aber wieder zu schließen.

Das Ozonloch wurde in den **1980er-Jahren** entdeckt. Die Verwendung von Chemikalien, insbesondere von Fluorchlorkohlenwasserstoffen (FCKW) in Spraydosen, ließ das Loch mit einer bedenklichen Geschwindigkeit größer werden.

1989 wurden FCKW weltweit verboten, um die Ausweitung des Ozonlochs aufzuhalten. Wissenschaftler sind heutzutage der Ansicht, dass das Loch nicht mehr größer wird. Es scheint sogar zu schrumpfen.

Durch die Abnahme von FCKW in der Atmosphäre kann sich wieder Ozon bilden. Das Verbot von FCKW gilt als wirkungsvolle Umweltschutzmaßnahme, doch nur, wenn sich alle Länder der Erde daran halten.

33 In scheinbar leblosen Gletschern wimmelt es nur so von winzigen Lebewesen.

Gletscher sind Eismassen, in denen es kein Leben zu geben scheint. Tatsächlich aber machen es sich Tausende von mikroskopisch kleinen Lebewesen in sogenannten **Gletschermäusen** gemütlich. Das sind mausgroße Moospolster, die vom Wind über das Eis geweht werden.

Für die Bewohner bieten die feuchten, schwammartigen Bälle ein ideales Zuhause.

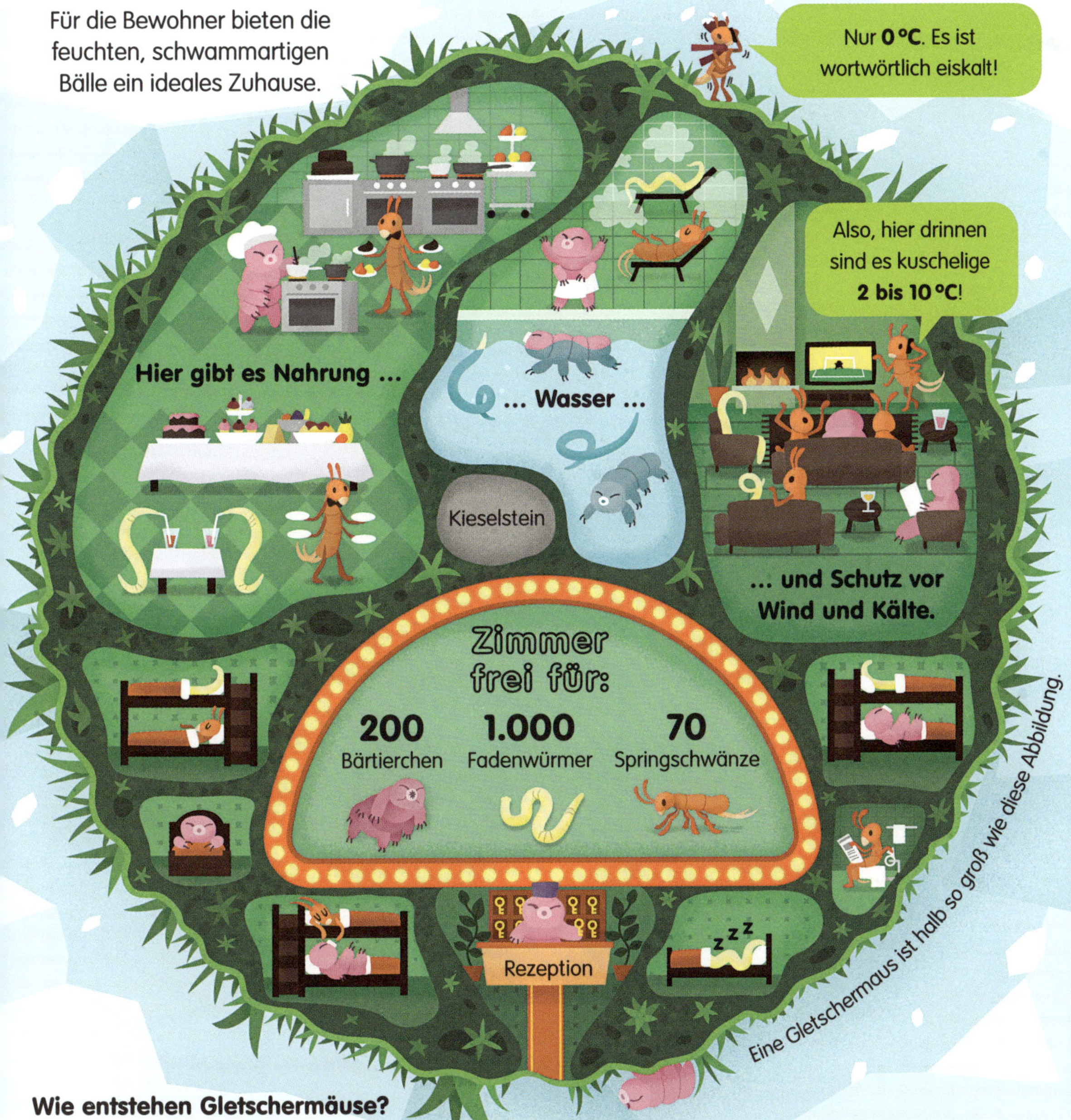

Wie entstehen Gletschermäuse?
Gletschermäuse sind kleine Steine, auf denen sich Moos gebildet hat und die dann locker über die Oberfläche des Gletschers rollen.

Wenn Gletschermäuse zusammenstoßen, können ihre Bewohner in eine neue Wohnstätte umziehen.

34 Wenn sich das Klima auf der Erde ändert, brauchst du neue Klamotten.

Kohlendioxid entsteht bei der Verbrennung von kohlenstoffhaltigen Stoffen wie Öl und Kohle. Durch die Zunahme dieses Gases in der Atmosphäre wird es immer wärmer auf der Erde. Die durchschnittlichen Temperaturen sollen in den nächsten 100 Jahren um **2 bis 8 °C** steigen. Was das für uns bedeutet? Nichts Gutes …

Wenn sich der Temperaturanstieg weiter fortsetzt, müssen wir uns vor den weltweiten Folgen schützen.

Diese Ausrüstungsgegenstände könnten nützlich werden, um auf der Erde zu überleben.

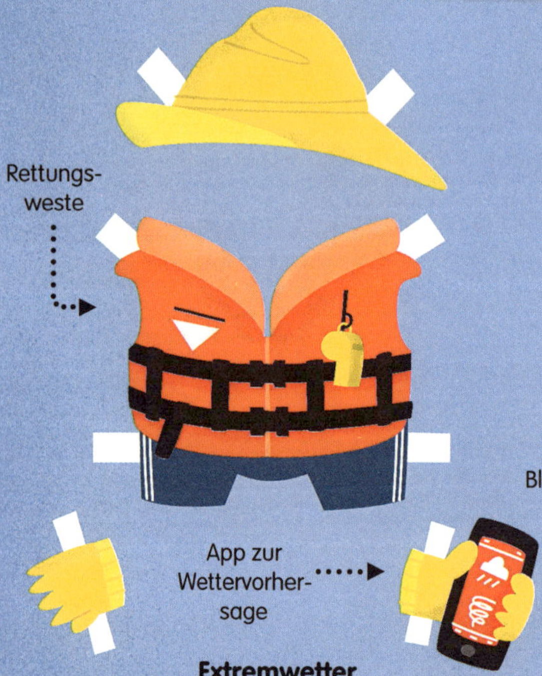

Extremwetter

Mit steigenden Temperaturen wird es häufiger zu extremen und immer heftigeren Wetterereignissen wie Tornados und Wirbelstürmen kommen.

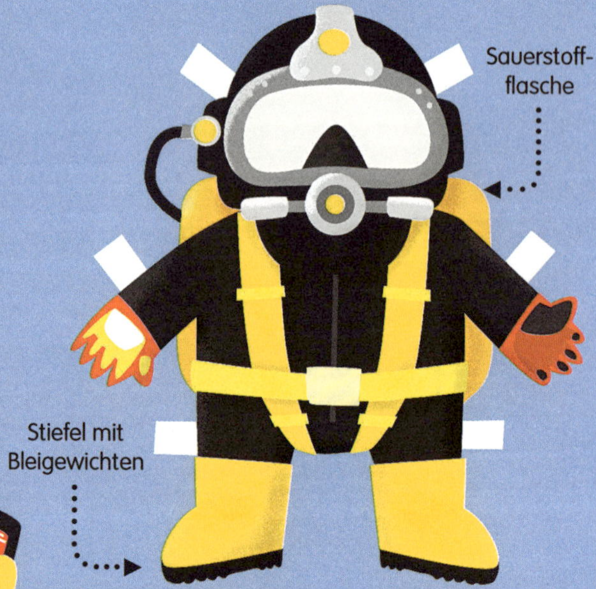

Steigende Meeresspiegel

Durch das Schmelzen von Gletschern und polaren Eiskappen steigen die Meeresspiegel um rund **70 cm**, wodurch küstennahe Städte, Regionen und sogar ganze Länder überschwemmt werden.

Versauerung der Meere

Die Ozeane nehmen gashaltiges Kohlendioxid auf, wodurch der Säuregehalt im Wasser ansteigt. Fische und Korallen sterben und hinterlassen lebloses Gewässer.

Krankheiten aus alten Zeiten

Viren und Bakterien, die Krankheiten wie Pocken und Beulenpest verursachen, waren lange im Polareis eingefroren. Jetzt tauen sie auf und infizieren Menschen auf der ganzen Welt.

Dürren und Staubstürme

Lange Trockenzeiten werden immer häufiger. In den fruchtbaren Regionen der Erde ist es zu heiß, um Pflanzen anzubauen. Wälder und Ackerland werden zu Staubwüsten. Nahrung wird knapp.

Völlig neue Kriege

Internationale Auseinandersetzungen über schwindende Nahrungsvorräte, Trinkwasserreserven und landwirtschaftliche Nutzflächen führen zu weltweiten Kriegen.

35 Felsen sind größer als Pflastersteine und Pflastersteine sind größer als Kieselsteine.

Für Bodenkundler ist ein Stein nicht einfach nur ein Stein. Es gibt eine feste DIN-Norm, nach der Boden und Fels aufgrund der Korngröße klassifiziert werden. Die Korngröße reicht von weit unter einem Mikrometer bis hin zu mehreren Metern.

So werden Steine eingeteilt:

Körner kleiner als Sand sind mit bloßem Auge schwer erkennbar, werden aber trotzdem klassifiziert …

Schluffkörner sind winzig, aber Tonkörner sind noch kleiner.

36 Sprühfarbe könnte eine gefährdete Tierart retten.

Jedes Jahr werden unzählige vom Aussterben bedrohte Tierarten widerrechtlich gejagt, um sie als Haustiere zu verkaufen oder wertvolle Körperteile zu erbeuten. Zur Rettung der seltenen Madagassischen Schnabelbrustschildkröte greifen Tierschützer zu außergewöhnlichen Maßnahmen.

Madagassische Schnabelbrustschildkröten haben auffällig gelb-schwarz gemusterte Panzer, weswegen sie als exotische Haustiere stark gefragt sind.

Die Schildkröten sind extrem gefährdet und zählen zu den 100 am stärksten vom Aussterben bedrohten Arten. In freier Wildbahn leben nur noch 200 Exemplare.

Besprüht man die Panzer mit Farbe, sind die Tiere nicht mehr so viel wert.

Ähnliche Maßnahmen werden auch zum Schutz von Nashörnern angewendet. Wilderer jagen Nashörner, um ihre Hörner zu verkaufen. Wildschützer entfernen daher die Hörner auf ungefährliche Weise, damit die Tiere ihren Wert für Wilderer verlieren.

Diese Methoden sind umstritten, da nicht klar ist, ob sie den Tieren schaden. Es ist jedoch belegt, dass auf diese Weise der illegale Handel mit den gefährdeten Arten eingedämmt werden kann. Die meisten Menschen unterstützen daher die Maßnahmen.

37 Der trockenste Ort der Erde liegt in der Antarktis.

Mitten im Schnee und Eis von Westantarktika liegen die Antarktischen Trockentäler. Hier ist es trockener als irgendwo sonst auf der Erde, selbst trockener als in der Atacama-Wüste in Chile.

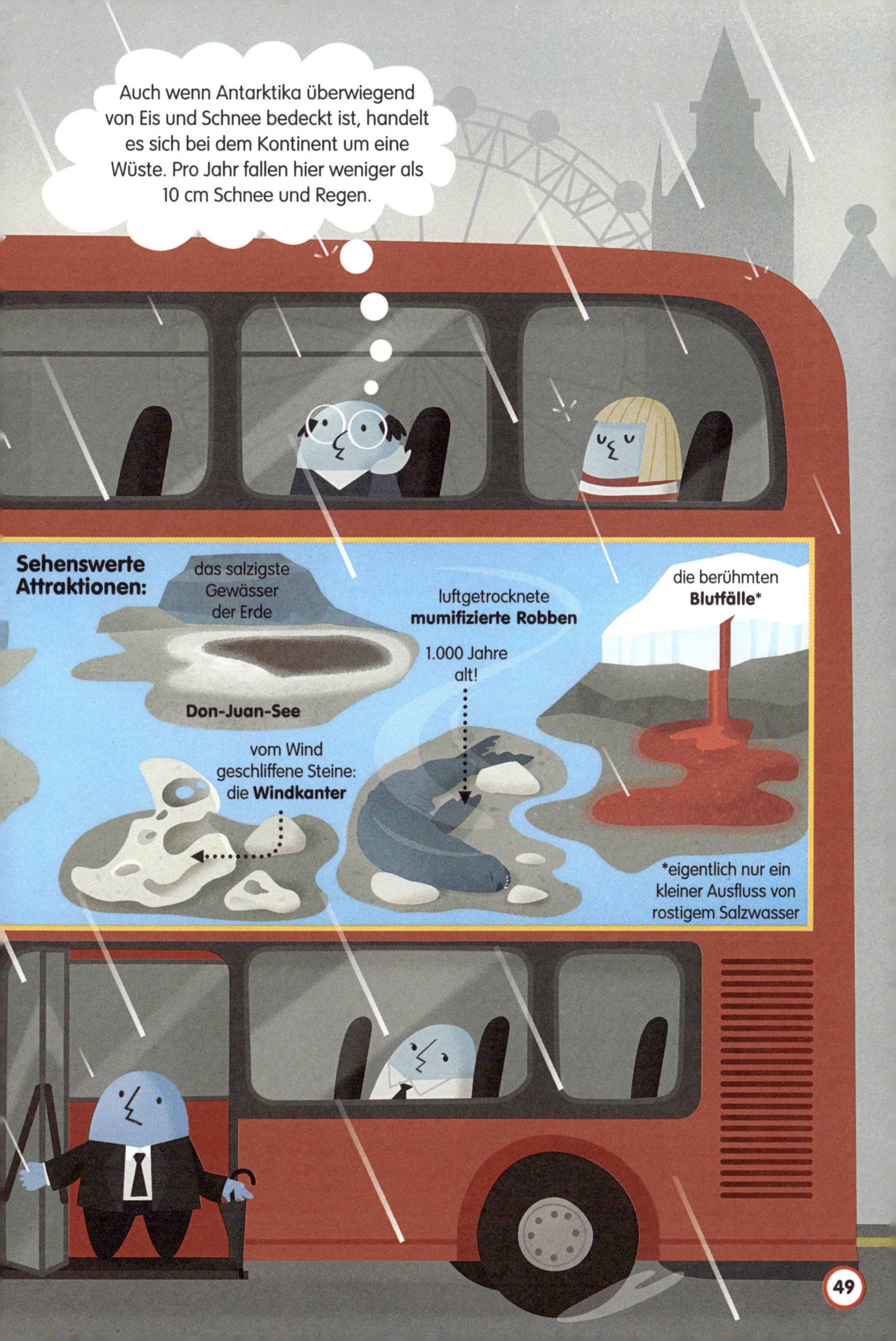
Auch wenn Antarktika überwiegend von Eis und Schnee bedeckt ist, handelt es sich bei dem Kontinent um eine Wüste. Pro Jahr fallen hier weniger als 10 cm Schnee und Regen.
Sehenswerte Attraktionen:
das salzigste Gewässer der Erde
Don-Juan-See
luftgetrocknete mumifizierte Robben
1.000 Jahre alt!
die berühmten Blutfälle*
vom Wind geschliffene Steine: die Windkanter
*eigentlich nur ein kleiner Ausfluss von rostigem Salzwasser

38 Wenn Inseln entstehen, entwickelt sich langsam eine eigene Flora und Fauna.

Inseln entstehen, wenn ein Stück Land auf Dauer vom Festland abgetrennt wird. Im Laufe von Millionen von Jahren entwickeln sich Pflanzen und Tiere, die nur auf der Insel heimisch sind. Man nennt sie **endemische Arten**.

Auf Madagaskar sind rund 90 % der Pflanzen und Tiere endemisch. Dazu gehören auch 120 verschiedene Arten von Lemuren, zum Beispiel:

Katta
Wissenschaftlicher Name:
Lemur catta

Seidensifaka
Wissenschaftlicher Name:
Propithecus candidus

Fingertier
Wissenschaftlicher Name:
Daubentonia madagascariensis

Madagaskar-Wiedehopf
Wissenschaftlicher Name:
Upupa marginata

Fossa
Wissenschaftlicher Name:
Cryptoprocta ferox;
ein katzenartiges Säugetier

Eigentlicher Streifentenrek
Wissenschaftlicher Name:
Hemicentetes semispinosus;
ein stacheliger Insektenfresser

zwei Drittel aller Chamäleonarten,
einschließlich *Brookesia micra,*
des kleinsten Chamäleons der Welt

Lebensgröße *von* ***Brookesia micra***

39 Jeder Baum der Erde registrierte die einzelnen Atomwaffentests.

Die erste Atombombe wurde 1945 gezündet. In den folgenden Jahren wurden in der ganzen Welt neuere, größere und tödlichere Atomwaffen entwickelt. Mit Tests wurden deren Stärke und Auswirkungen gemessen. Diese Tests veränderten jeden Baum auf der Erde.

In den 1950er- und 1960er-Jahren wurden weltweit Hunderte von Atomwaffen getestet. Dazu wurden sie meist oberirdisch gezündet.

Die Tests setzten unzählige Elementarteilchen frei, sogenannte **Neutrinos**, die mit der Erdatmosphäre reagierten und eine drastische Zunahme eines seltenen Kohlenstoffatoms verursachten: das ^{14}C-Atom.

Dieses ^{14}C-Atom verteilte sich auf der ganzen Welt. Die Bäume nahmen es aus der Luft auf und speicherten es in ihren Stämmen.

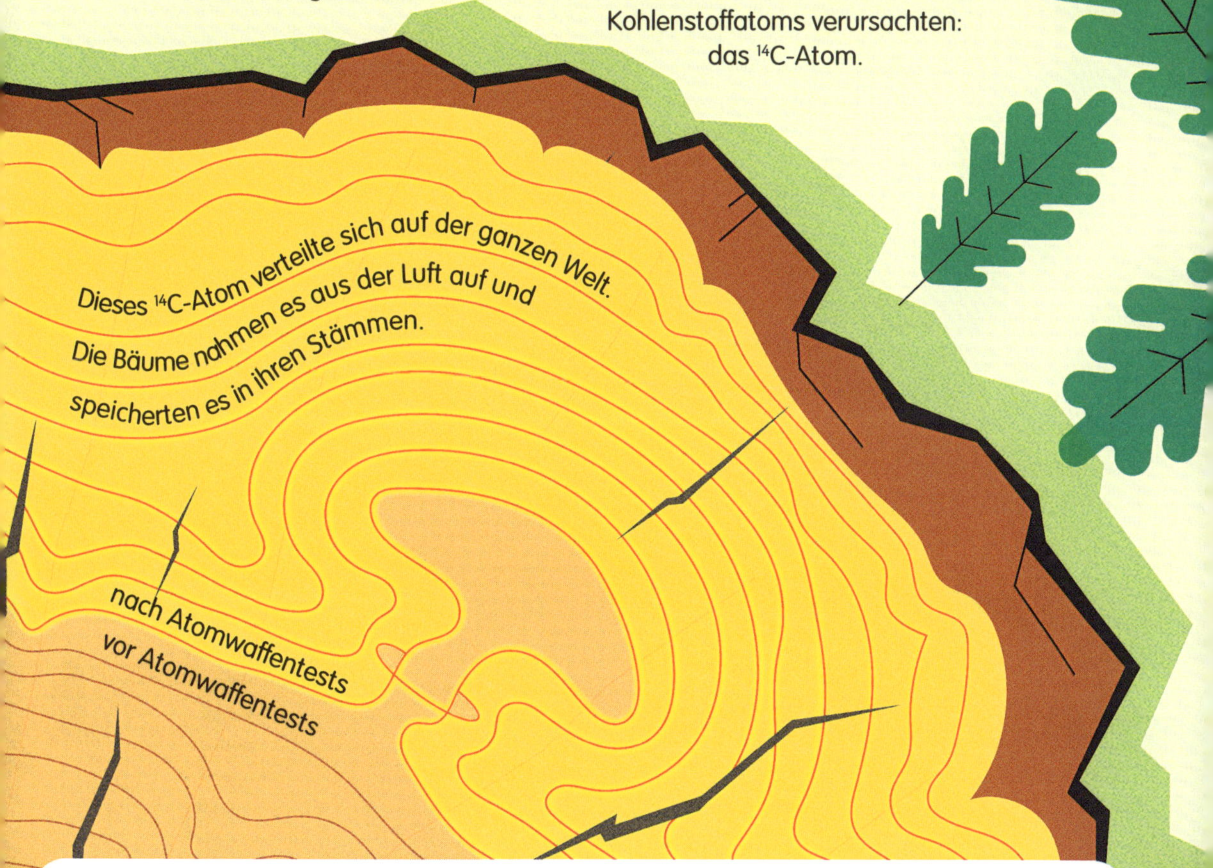

^{14}C-Atome in Baumstämmen sind nicht mit bloßem Auge erkennbar. Wenn Wissenschaftler jedoch das Holz von Bäumen untersuchen, die schon vor den 1950er-Jahren standen, können sie einen sprunghaften Anstieg von ^{14}C-Atomen feststellen.

Atomwaffentests werden seltener durchgeführt, sodass die Menge an ^{14}C-Atomen langsam abnimmt.

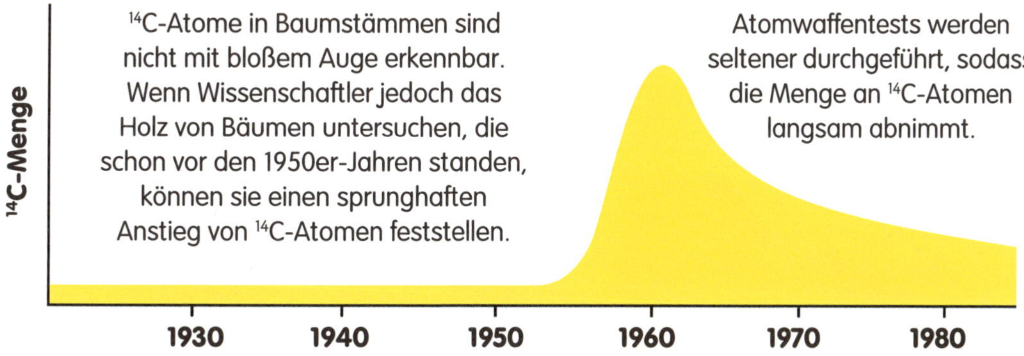

40 Ein Wolfsrudel veränderte den Lauf eines Flusses.

Um Farmen und Herden zu schützen, wurden die Wölfe im Yellowstone-Nationalpark (USA) von den Siedlern gejagt und schließlich ganz ausgerottet. Das hatte nicht nur unerwartete Auswirkungen auf Tiere und Pflanzen, sondern sogar auf die Landschaft.

Yellowstone, bis 2000

Es gab etwa 120 Wölfe im Nationalpark.

UUUUUUUU!

Die Wapitis begannen, das Flusstal zu meiden, weil sie dort eher von Wölfen angegriffen wurden.

Die Zahl der Zitterpappeln nahm zu. Die Wurzeln befestigten wieder den Boden und die Flussufer brachen weniger ein.

Der Flusslauf begradigte sich wieder.

Yellowstone, heute

Im Park leben 450 Wölfe in elf Rudeln.

Die Zahl der Wapitis ist auf knapp über 7.500 gesunken.

Die inzwischen herangewachsenen Zitterpappeln bieten auch anderen Tieren wieder einen Lebensraum.

Hasen

Bären

Füchse

Biber

Der Yellowstone-Nationalpark ist ein Beispiel für ein umfassendes Ökosystem, das heißt eine natürliche Lebensgemeinschaft von Tieren und Pflanzen, die aufeinander angewiesen sind. Jeder Eingriff in eine Population beeinflusst das Gleichgewicht des gesamten Systems.

41 Wenn Täler sprechen, lauschen U-Boote.

42 Eine unbeabsichtigte Blase schützt die Erde.

2012 untersuchte eine Raumsonde den Van-Allen-Strahlungsgürtel, einen Ring elektrisch geladener Teilchen, der die Erde umgibt. Diese Teilchen können das Leben auf der Erde vernichten.

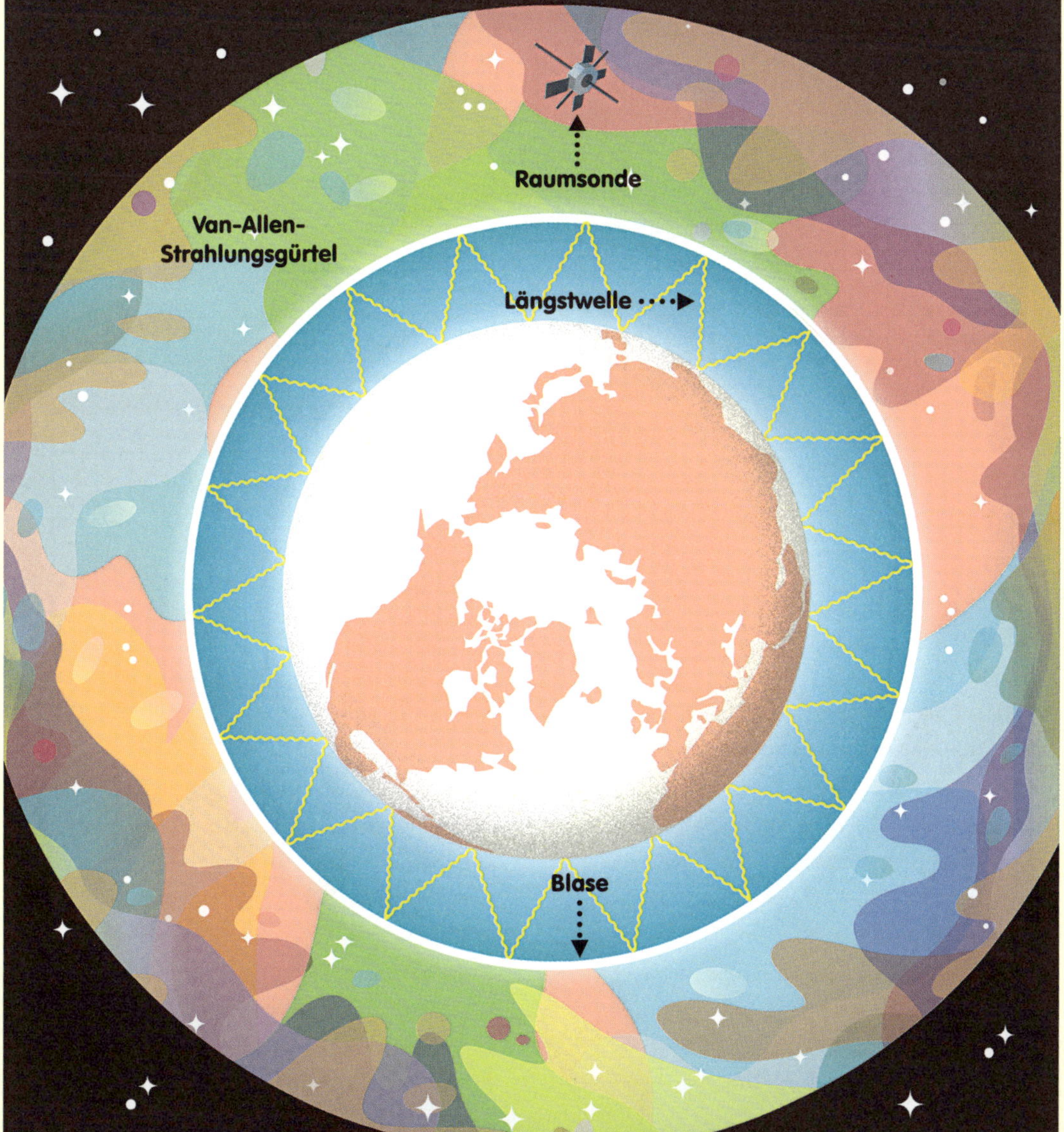

Der Gürtel liegt inzwischen weiter entfernt von der Erde als früher. Wissenschaftler fanden heraus, dass Längstwellen sich über die Atmosphäre ins All ausbreiten und die Bewegung der Teilchen beeinflussen. Die Wellen hüllen die Erde wie in eine Blase, die die geladenen Teilchen abhält.

43 Sastrugi, Firn und Frazil sind verschiedene Arten von Schnee und Eis.

Schnee und Eis bestehen nur aus gefrorenem Wasser und sonst nichts. Sonne, Wind, Temperatur und Druck verleihen ihnen jedoch unzählige Eigenschaften und Formen, die mit unterschiedlichen Namen bezeichnet werden.

Dieses Kreuzworträtsel enthält verschiedene Begriffe für Schnee und Eis. Lies dir zu jedem Wort die entsprechende Erklärung durch.

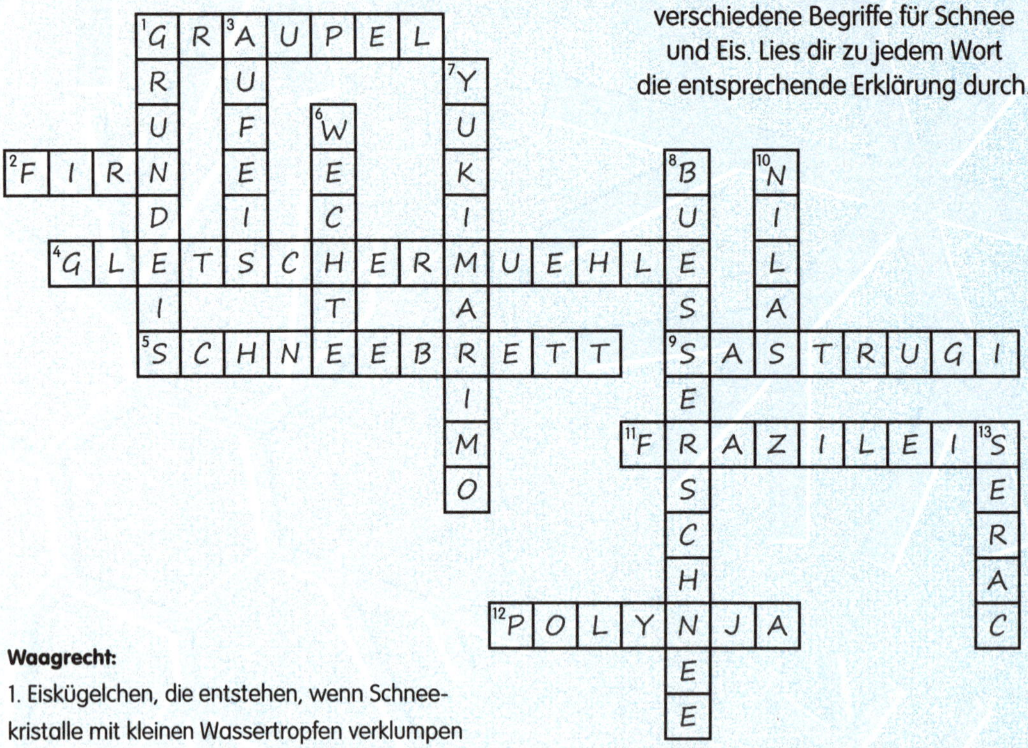

Waagrecht:

1. Eiskügelchen, die entstehen, wenn Schneekristalle mit kleinen Wassertropfen verklumpen
2. Körniger Schnee, der mindestens ein Jahr alt und noch kein festes Eis ist
4. Spiralförmiger Schacht in einem Gletscher, durch den Schmelzwasser fließt
5. Ausgedehnte Schneeschicht, die sich bei einer Lawine spontan lösen kann
9. Stromlinienförmige Rillen im Schnee
11. Ansammlung loser, unregelmäßig geformter Eiskristalle in flüssigem Wasser
12. Große, offene Wasserfläche im arktischen oder antarktischen Meereis

Senkrecht:

1. Unterwassereis, das sich auf dem Boden von Gewässern bildet
3. Ablagerungen von geschichtetem Eis
6. Überhängende Schneeablagerung durch Schneeverwehung, vor allem an Geländekanten
7. Frostbälle, die wie Mooskugeln über das Polarplateau rollen
8. Aufrechte Zacken aus Schnee oder Eis, die sich in Hochgebirgen der Tropen und Subtropen bilden
10. Dünne, elastische Eisschicht, die bis zu 10 cm dick sein kann
13. Turm aus Gletschereis, der sich an Abbruchkanten bildet

44 Der unzugänglichste Ort der Erde ist dem Weltraum näher als dem Festland.

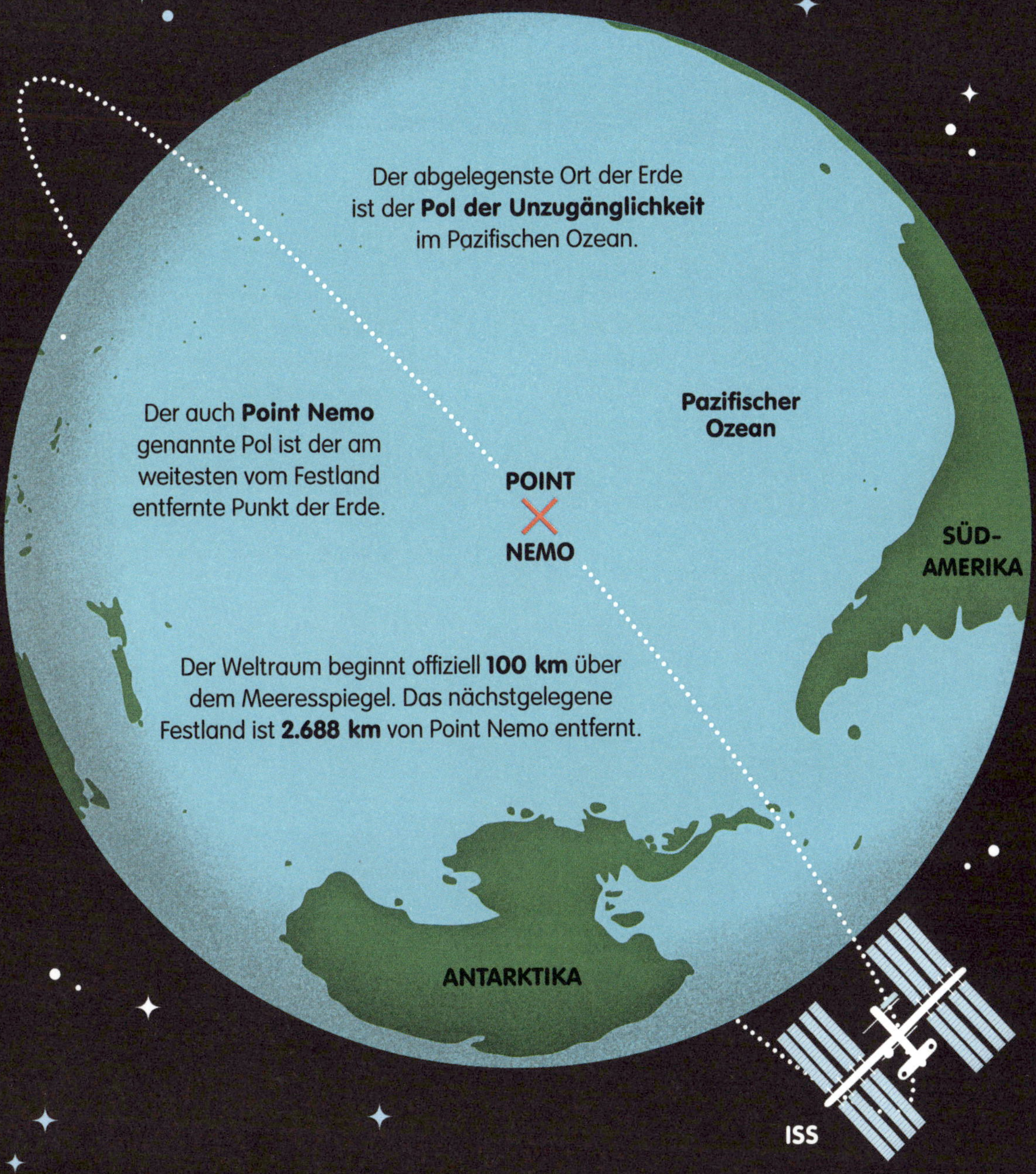

Die Menschen, die Point Nemo am nächsten kommen, sind oftmals die Astronauten an Bord der Internationalen Raumstation (ISS), die 16-mal am Tag in **408 km Höhe** direkt über den Punkt fliegt.

45 Mit 1.600 Ballons pro Tag bestimmen Meteorologen das Wetter.

Wettermessungen werden am besten hoch oben in der Luft vorgenommen. Auf der ganzen Welt lassen Meteorologen daher an 800 verschiedenen Orten alle zwölf Stunden neue Wetterballons steigen, um Wetterveränderungen aufzuzeichnen und nach Möglichkeit vorherzusagen.

An den aufsteigenden Wetterballons hängen Radiosonden, die eine Vielzahl von Daten an die Bodenstation senden.

Die Ballons können eine Höhe von 40 km über dem Meeresspiegel erreichen, bevor sie platzen.

Anhand der Daten können Meteorologen bessere Vorhersagen für die kommenden Tage treffen.

46 Tsunamisteine warnen uns vor kommenden Katastrophen.

Im Laufe der Geschichte wurde Japan immer wieder von Tsunamis heimgesucht. Diese riesigen Flutwellen werden meist durch Erdbeben unter dem Meeresboden ausgelöst. Beschriftete Steintafeln stehen entlang der Küste, um an die Opfer zu erinnern und zukünftige Generationen zu warnen.

47 Rund um den Polarfuchsbau blühen Blumen.

In den baumlosen Ebenen nahe des Polarkreises, wo der Boden ganzjährig bis in tiefe Schichten gefroren ist, wachsen kaum Pflanzen. Aber vereinzelt finden sich um die Höhlen von Polarfüchsen herum kleine grüne Oasen.

Der Boden um diese unterirdischen Fuchsbaue ist durch Kot, Urin und Beutereste besonders reich an Nährstoffen.

Dank dieser Nährstoffe gedeihen viele Pflanzenarten. Außerdem ziehen die Baue grasende Tiere und Aasfresser aus der Umgebung an.

Polarfüchse haben in der Regel sechs bis zehn Junge pro Jahr.

Die Arktis besteht überwiegend aus Permafrost oder Dauerfrostboden.

Für die Geburt und Aufzucht ihrer Jungen legen die Polarfüchse einen Bau in Lehm- oder Sandhügeln an. Oder sie nutzen bereits bestehende Höhlen oder besetzen Baue von Erdhörnchen oder anderen Tieren.

Ein Bau wird von jeder neuen Generation genutzt, bis zu 100 Jahre lang.

48 In der Antarktis wuchs vor 100 Millionen Jahren dichter Wald.

Heute ist Antarktika eine öde Eiswüste, aber Fossilien zeigen, dass der Kontinent vor 100 Millionen Jahren mit dichtem Wald bewachsen war. Bäume brauchen Sonnenlicht zum Wachsen. Da es in dem Gebiet jedoch für viele Monate des Jahres komplett dunkel ist, erforschen Wissenschaftler, wie die Wälder überleben konnten.

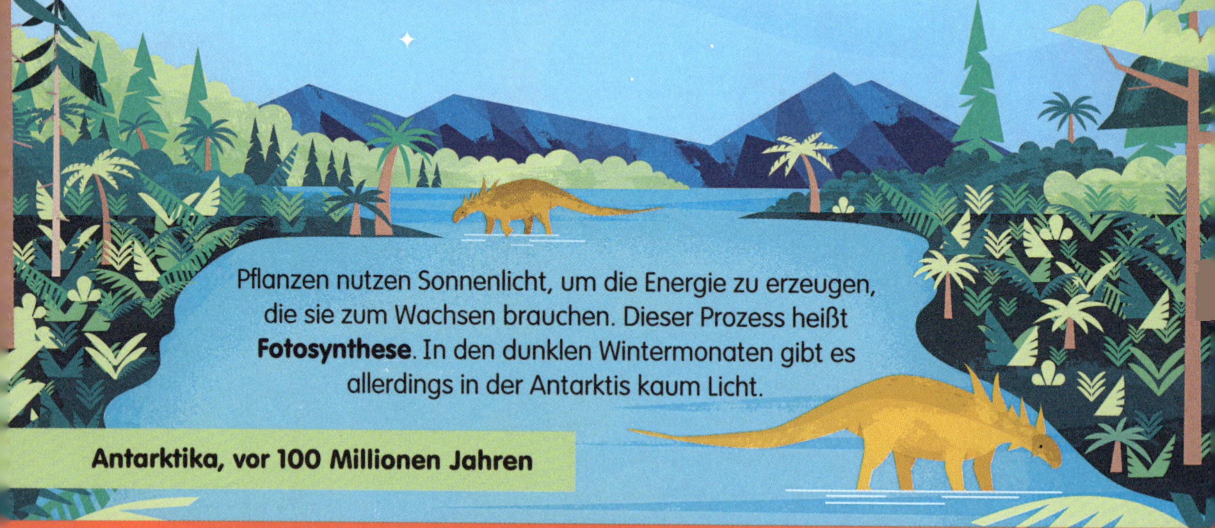

Pflanzen nutzen Sonnenlicht, um die Energie zu erzeugen, die sie zum Wachsen brauchen. Dieser Prozess heißt **Fotosynthese**. In den dunklen Wintermonaten gibt es allerdings in der Antarktis kaum Licht.

Antarktika, vor 100 Millionen Jahren

49 Das Eis in der Antarktis entstand, nachdem sich der Himalaja gebildet hatte.

Vor rund **34 Millionen Jahren** stießen die tektonischen Platten, die die äußere Schicht der Erde bilden, unter dem südlichen Asien zusammen. Durch den gewaltigen Druck entstand der **Himalaja**.

Südasien, vor 34 Millionen Jahren

Bewegungen der Erdkruste drückten die Kontinente an den Rändern zusammen und türmten die mächtigen Berge auf.

Das durch die Auffaltung entstandene zusätzliche Gestein nahm Kohlendioxid aus der Atmosphäre auf.

Platten verschieben sich.

Wissenschaftler vermuten, dass die Bäume im Sommer große Mengen an Energie speicherten, wenn die Sonne 24 Stunden am Tag schien.

Von diesen Energiespeichern zehrten die Pflanzen später in den dunklen Wintermonaten.

Kohlendioxid (CO_2) in der Luft hält die Wärme in der Erdatmosphäre.

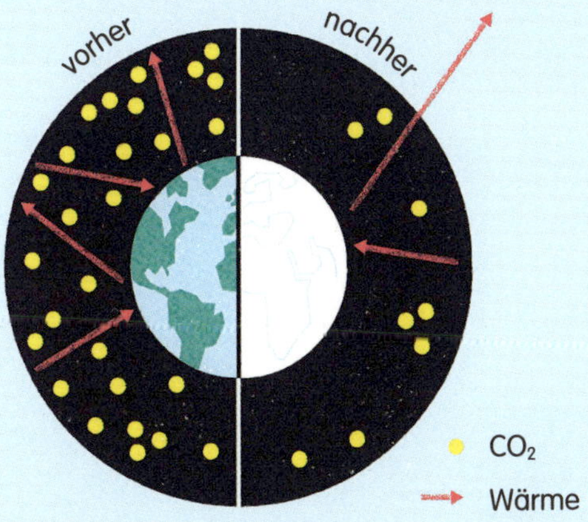

Da mehr CO_2 vom Gestein aufgenommen wurde und somit weniger CO_2 in der Atmosphäre war, konnte mehr Wärme aus der Atmosphäre entweichen. Dadurch wurde es auf dem Planeten um 8 °C kälter und eine Eiszeit begann.

Während dieser Kältephase bildete sich eine permanente Eisdecke in Antarktika, die den Kontinent bis heute bedeckt.

13.000 km vom Himalaja entfernt

Antarktika, heute

50 Diamanten rasen mit Überschallgeschwindigkeit durch die Erde.

Diamanten bilden sich tief in der Erde, mindestens 150 km unter der Erdoberfläche. Aber wie gelangen sie weiter nach oben, wo sie in Minen abgebaut werden?

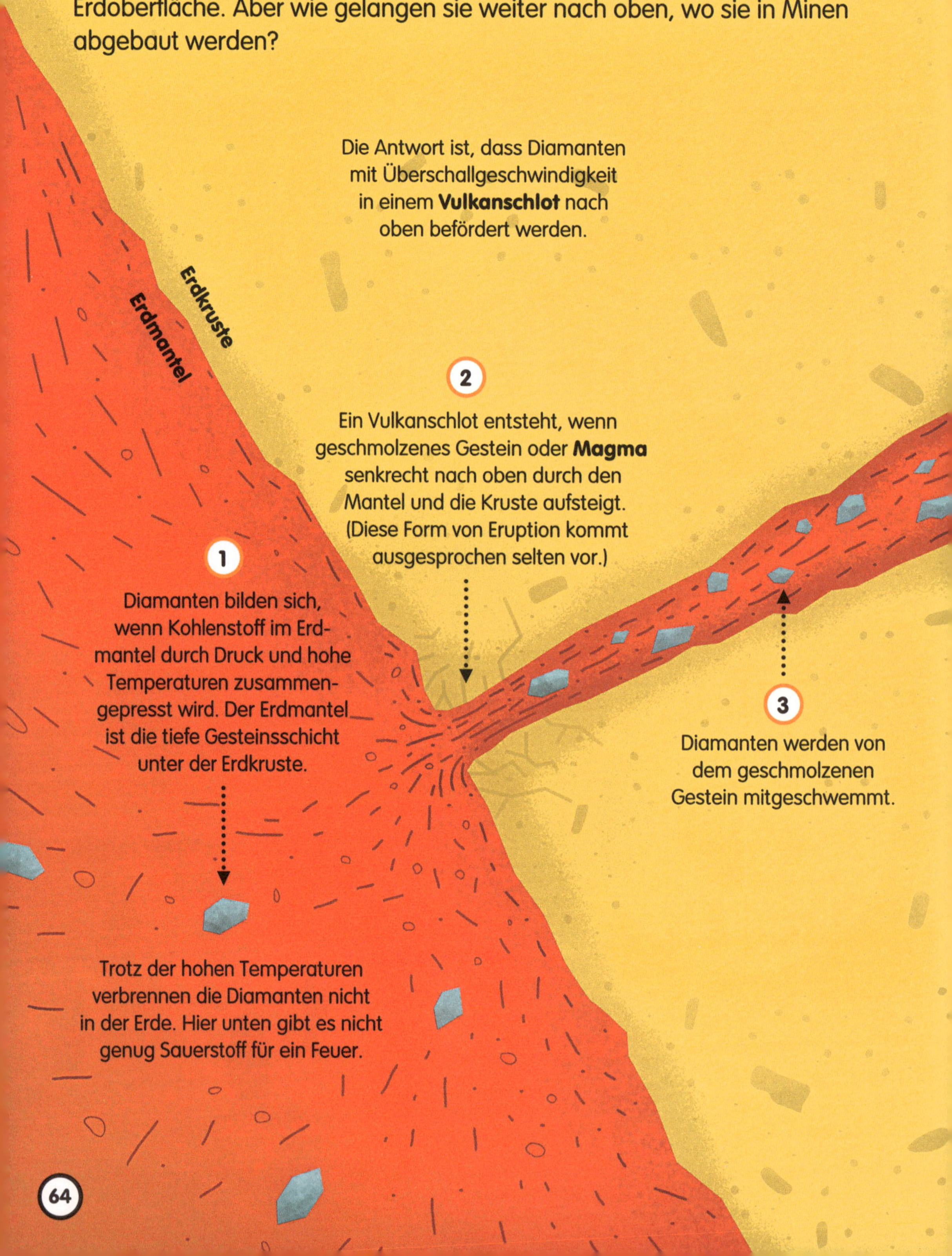

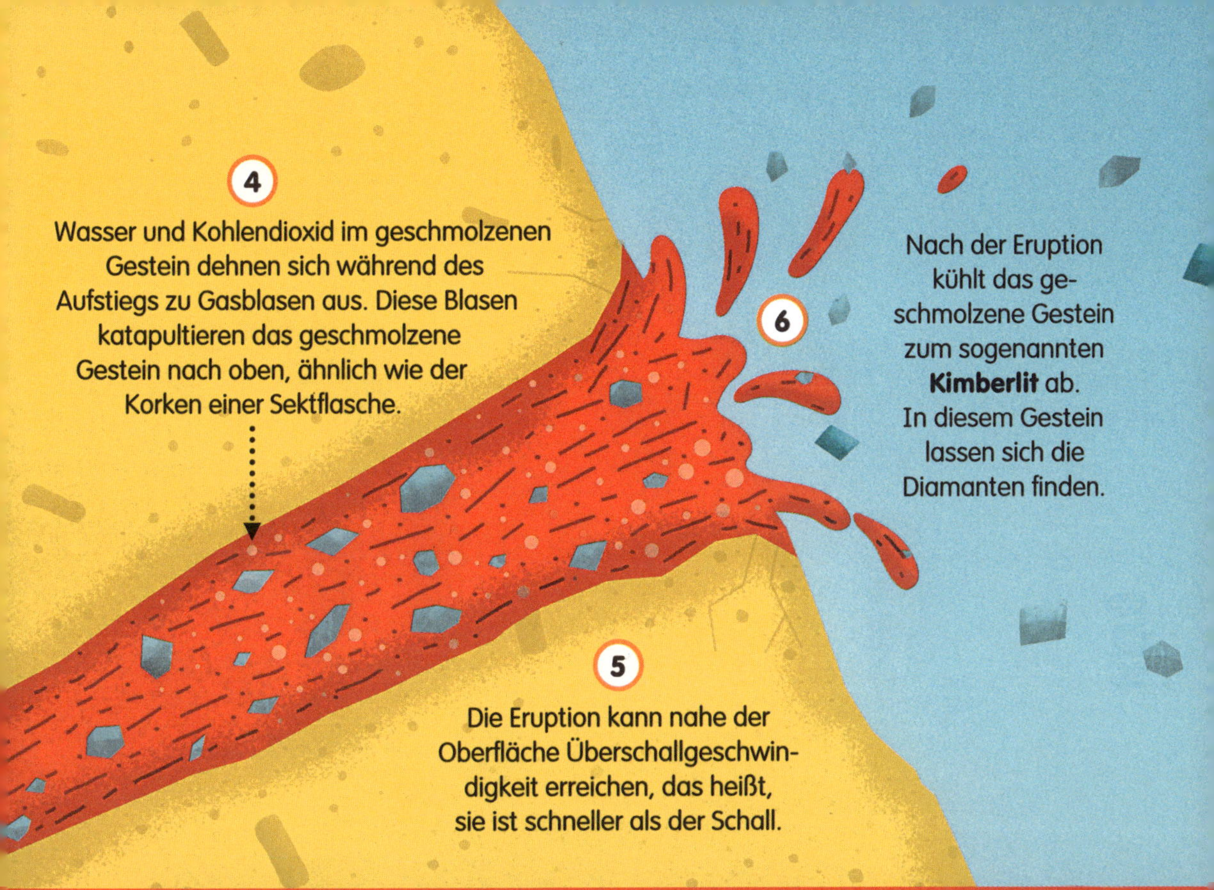

4 Wasser und Kohlendioxid im geschmolzenen Gestein dehnen sich während des Aufstiegs zu Gasblasen aus. Diese Blasen katapultieren das geschmolzene Gestein nach oben, ähnlich wie der Korken einer Sektflasche.

6 Nach der Eruption kühlt das geschmolzene Gestein zum sogenannten **Kimberlit** ab. In diesem Gestein lassen sich die Diamanten finden.

5 Die Eruption kann nahe der Oberfläche Überschallgeschwindigkeit erreichen, das heißt, sie ist schneller als der Schall.

51 Würde man die St.-Georgs-Kirche in Nördlingen abtragen, hätte man 500 Gramm Diamanten.

Wer sich in der süddeutschen Stadt Nördlingen umschaut, stellt fest, dass die Steine der Gebäude mit Millionen von winzigen Diamanten durchsetzt sind. Sie entstanden durch einen Asteroiden.

Vor 15 Millionen Jahren
Der gewaltige Druck und die Hitze des Einschlags verdichteten das Gestein und verwandelten den darin enthaltenen Kohlenstoff in Diamanten.

Im Kirchturm, dem „Daniel", und dem Kirchenschiff der St.-Georgs-Kirche sind große Mengen des Gesteins **Suevit** verbaut. Es besteht aus Bruchstücken von Granit und Gneis.

Der Asteroid hinterließ einen Krater mit einem Durchmesser von 24 km sowie das diamantendurchsetzte Gestein.

52 Aus kosmischem Staub wachsen ganze Planeten.

1

Vor rund 4,6 Milliarden Jahren bestand das Sonnensystem aus der neu entstandenen Sonne und einer um sie rotierenden Scheibe aus Gas und Staub, der sogenannten **Akkretionsscheibe**.

2

Bei ihrem Umlauf um die Sonne stießen die winzigen Staubteilchen in der Akkretionsscheibe zusammen.

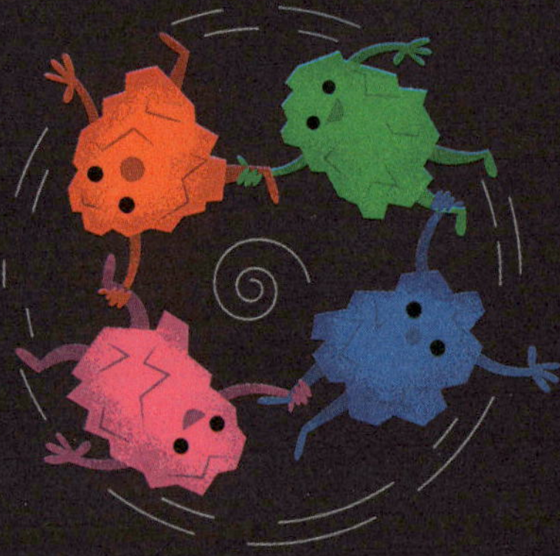

3

Staubteilchen blieben nach einem Zusammenprall aneinander hängen und begannen, sich zu drehen.

4

Nach und nach zogen sie noch mehr kosmischen Staub an.

5

Der Staub lagerte sich zu vier festen Klumpen zusammen, aus denen sich Merkur, Venus, Erde und Mars bildeten. Weiter außen verbanden sich Eis, Staub und Gas zu Jupiter, Saturn, Uranus und Neptun.

53 Das älteste Objekt auf der Erde ist älter als die Erde selbst.

Die Erde
entstand vor rund
4,54 Milliarden Jahren.

NWA 11119
ist ein pampelmusengroßer Meteorit, der 2016 in einer Sanddüne in Mauretanien entdeckt wurde. Er entstand vor rund **4,56 Milliarden Jahren**.

Als NWA 11119 entstand, waren die Himmelskörper, die später zu den vier inneren Planeten des Sonnensystems wurden, nur kosmische Staubwolken, die sich um die Sonne drehten.

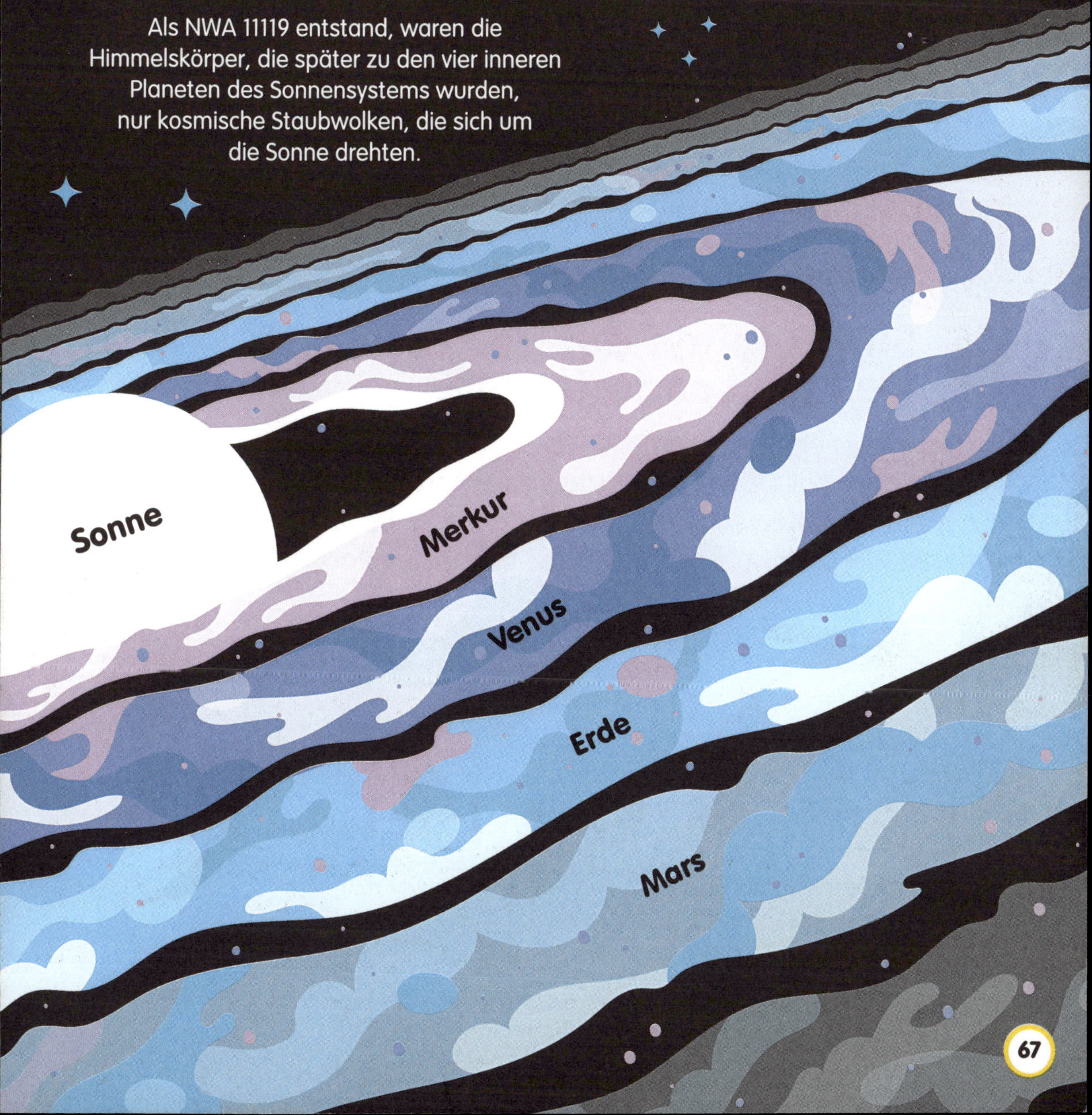

54 Der Brennende Berg brennt bereits seit 6.000 Jahren.

Mount Wingen in Australien wird auch „Brennender Berg" genannt. Denn unter seinen steinigen Hängen brennt seit Tausenden von Jahren ein unterirdisches Kohlefeuer, genannt Flöz.

55 Surfer reiten auf der Pororoca weit ins Landesinnere.

Der Guamá ist ein Fluss in Brasilien, der in den Atlantischen Ozean fließt, meistens jedenfalls. Denn mindestens zweimal im Monat wird das Wasser durch eine **Gezeitenwelle** des Ozeans zurück in die Flussmündung gedrückt. Die Ureinwohner nennen das Phänomen **Pororoca**.

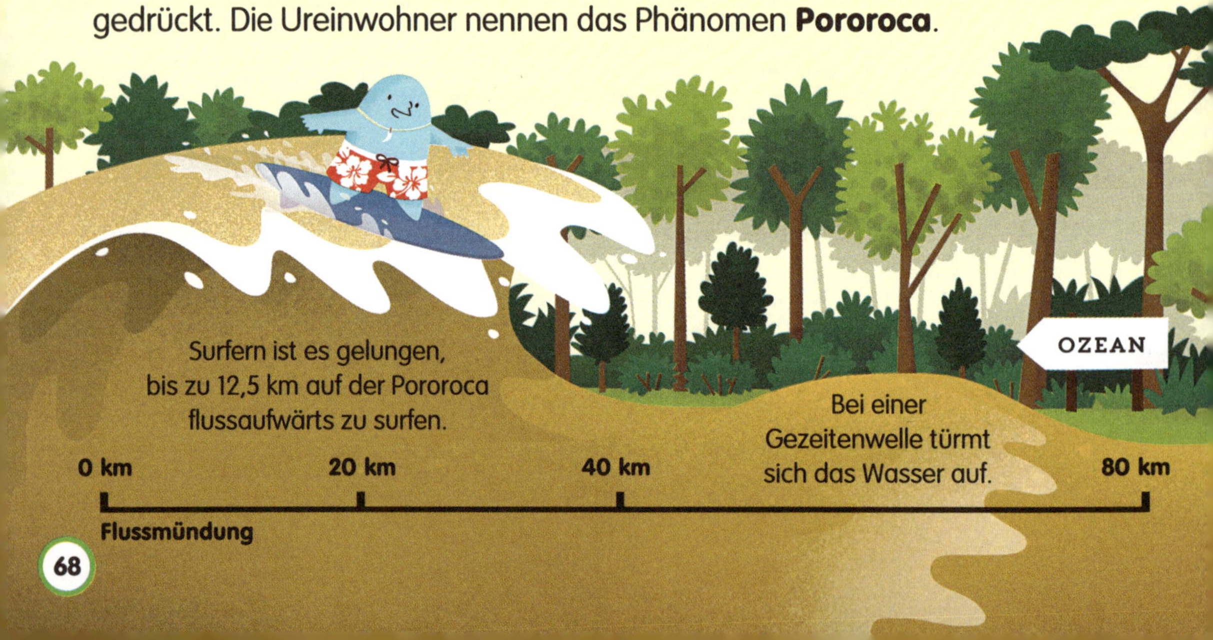

56 Bergarbeiter wurden angeblich von Kobolden vergiftet.

Im 16. Jahrhundert litten Bergarbeiter, die im Erzgebirge nach Kupfererzen gruben, unter Halluzinationen und Übelkeit. Sie glaubten, böse **Kobolde** in den Bergen würden sie vergiften. Die Erze wurden von den Bergleuten daraufhin „Kobolderze“ genannt.

In Wirklichkeit bildeten sich beim Graben giftige Verbindungen des chemischen Elements **Arsen**.

Als das Gestein eingeschmolzen wurde, um daraus Kupfer zu gewinnen, entstand eine noch giftigere Substanz, das **Arsenoxid**.

Erst im 18. Jahrhundert entdeckte ein schwedischer Wissenschaftler, dass im Gestein ein weiteres Element enthalten war. Er nannte es Kobalt nach dem deutschen Wort *Kobold*.

57 Arlene ist der häufigste Name für einen Sturm.

Tropische Wirbelstürme erhalten international vereinbarte Namen, um eindeutige Sturmberichte zu erstellen und erforderliche Notfallmaßnahmen zu erleichtern. Die Wahl der Namen war jedoch nicht immer einfach …

Verschiedene Regionen erstellen ihre eigenen Namenslisten. Jedes Jahr wird eine neue Liste herausgegeben mit je einem Namen für jeden Buchstaben im Alphabet.

Abigail

Bruce

Cerys

Daniel

Ellie

Frank

Charlotte

Elaine

Debbie

Viele Jahre lang trugen alle Stürme einen weiblichen Namen.

Agatha

1975 waren David und Cecil die ersten männlichen Namen für Hurrikans. Heute wechseln die Listen zwischen männlichen und weiblichen Namen ab.

David

Cecil

Einige Namen sind in bestimmten Regionen verboten. **Sonamu** konnte in Malaysia nicht verwendet werden, da es zu ähnlich wie *Tsunami* klingt und zu Panik in der Bevölkerung führen würde.

Sonamu

Die Namen Charles und Diana wurden im Februar 1978 für zwei Stürme verwendet. Beide Namen sind nicht mehr erlaubt, da Prinz **Charles** 1981 **Diana** Spencer heiratete.

Diana

Charles

Arlene

Arlene wurde seit der Einführung der Namensgebung im Nordpazifik im Jahr 1954 zehnmal verwendet.

Anfangs trugen die Stürme europäische Namen, aber heutzutage wählen die Regionen einheimische Namen und Bezeichnungen.

58 Ein Gewitter in Venezuela leuchtet Seeleuten den richtigen Weg.

Seit Jahrhunderten orientieren sich Seeleute an der Küste von Venezuela an den sogenannten **Catatumbo-Gewittern**, die auch als **Leuchtturm des Maracaibo** bezeichnet werden. Die Blitze treten immer im selben Gebiet auf und sind bis zu 400 km weit sichtbar.

59 Küstenseeschwalben legen so weite Strecken zurück, dass sie dreimal zum Mond und zurück fliegen könnten.

Jedes Jahr wandern zahlreiche Tierarten zu bestimmten Jahreszeiten an andere Orte der Erde. Ihre **Migration** führt sie Hunderte von Kilometern weit, um Nahrung, Wärme oder Plätze für die Fortpflanzung zu finden.

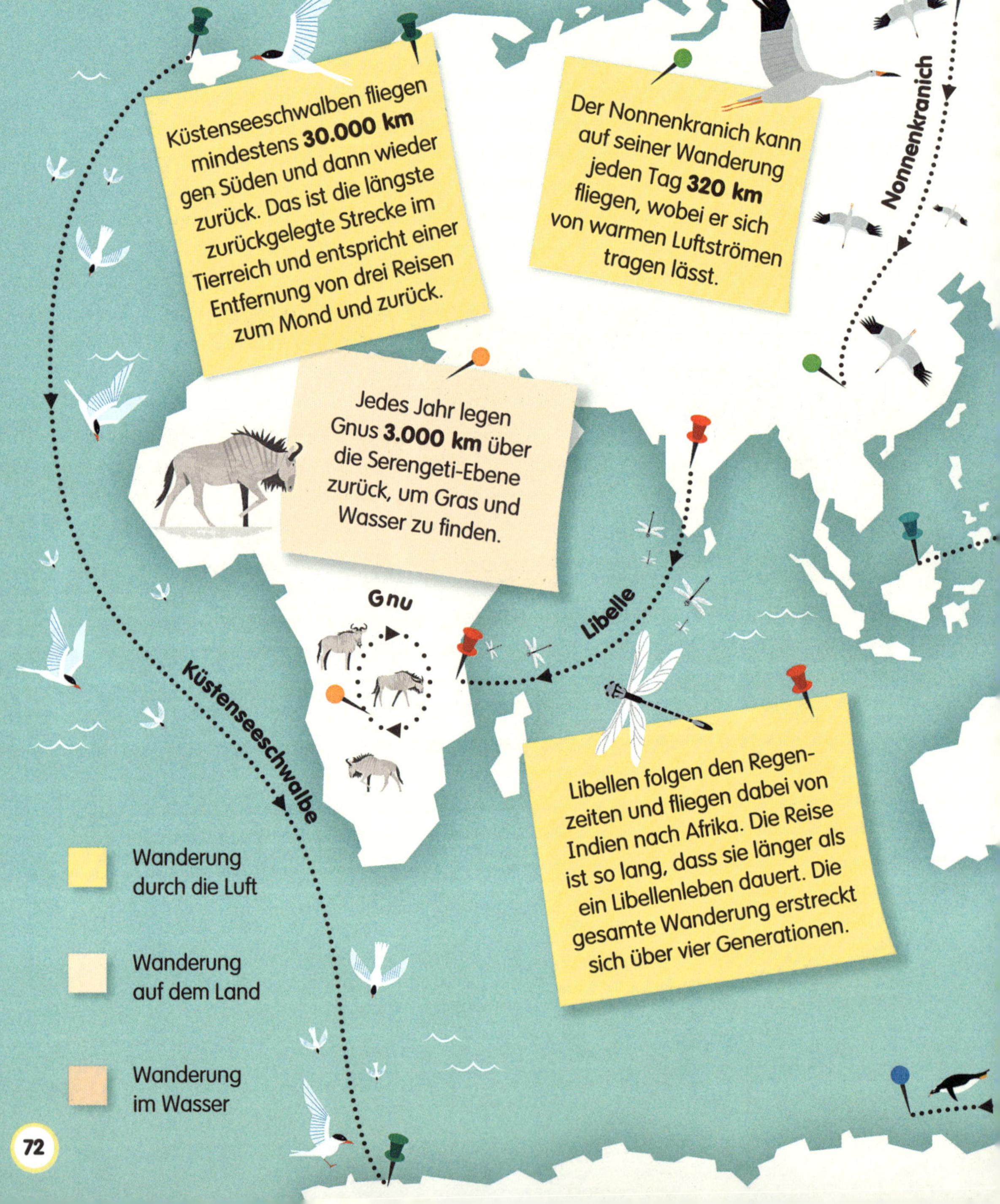

Rentiere wandern von Alaska nach Kanada, um genug Futter zu finden und ausreichend Körperfett für den langen Winter anzulegen.
Pfuhlschnepfen legen die weiteste Strecke ohne Pause zurück. Sie fliegen bis zu **11.000 km** am Stück.
Rentier
Über 100 Millionen Schmetterlinge fliegen im Winter **4.500 km** über Nordamerika nach Süden in die Wärme.
Pfuhlschnepfe
Monarchfalter
Lederschildkröte
Lederschildkröten schwimmen Hunderte von Kilometern von ihrem Futterplatz zu dem Ort, wo sie ihre Eier legen.
Buckelwal
Buckelwale legen durchschnittlich **5.000 km** zurück, um von warmen Gewässern zum Aufziehen ihrer Jungen in kalte Gewässer zur Nahrungsaufnahme zu ziehen.
Adeliepinguine folgen der Sonne und schwimmen entlang der antarktischen Küste, um so viel Sonnenlicht wie möglich zu bekommen.
Adeliepinguin

60 In der „langweiligen Milliarde“ passierte eine Milliarde Jahre lang nichts.

Vor 1,8 bis 0,8 Milliarden Jahren erlebte die Erde eine stabile Phase ohne große Vorkommnisse. Ein Wissenschaftler prägte dafür den Ausdruck der „langweiligen Milliarde“ oder **Boring Billion**.

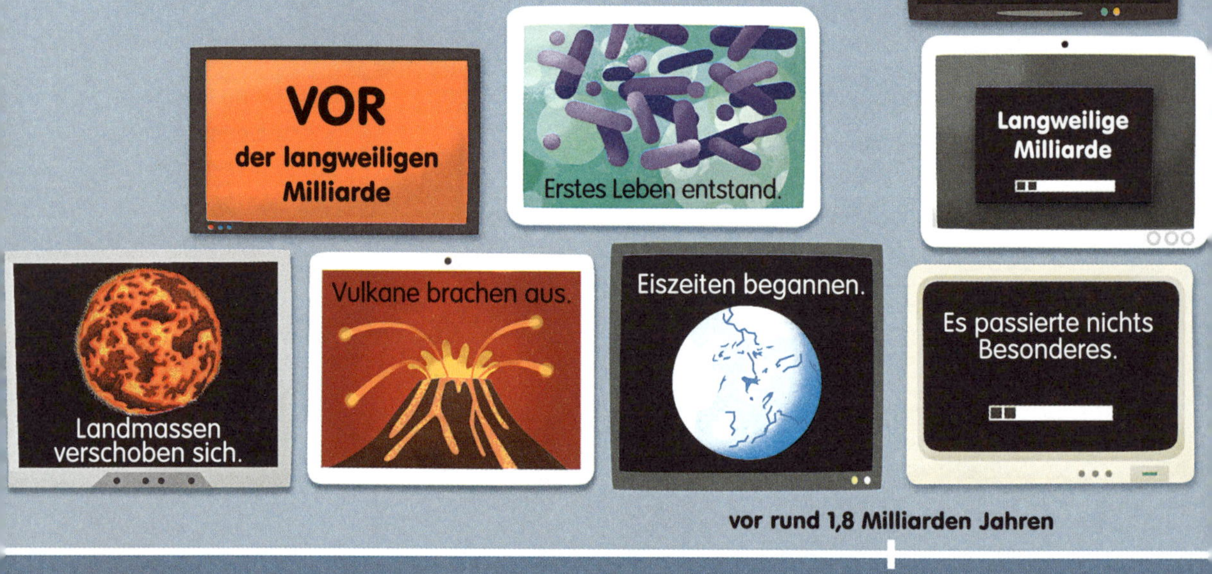

61 Ein Salzsee in Afrika ist das Paradies für Flamingos.

Der Natronsee in Tansania ist einer der unwirtlichsten Lebensräume der Erde. Obwohl sein Wasser salzig ist, kommen jedes Jahr 2,5 Millionen Flamingos an den See, um hier zu brüten.

Wenn das Wasser verdunstet, bilden sich Inseln aus Sedimentgestein, dem sogenannten **Evaporit**.

Flamingos ernähren sich von winzigen **Cyanobakterien**, die in dem salzhaltigen Wasser optimal gedeihen. Die Bakterien sind für die rosa Färbung des Sees und der Flamingos verantwortlich.

Die Flamingos bauen ihre Nester auf diesen Inseln. Hier sind sie sicher vor dem Afrikanischen Goldwolf und anderen Fressfeinden.

62 Helium flüchtet nach oben und irgendwann ist der Vorrat erschöpft.

Das chemische Element Helium macht beinahe ein Viertel der Masse im gesamten Weltraum aus. Auf der Erde gibt es jedoch nur sehr geringe Vorkommen. Das liegt daran, dass das Edelgas ständig nach oben ins Weltall aufsteigt.

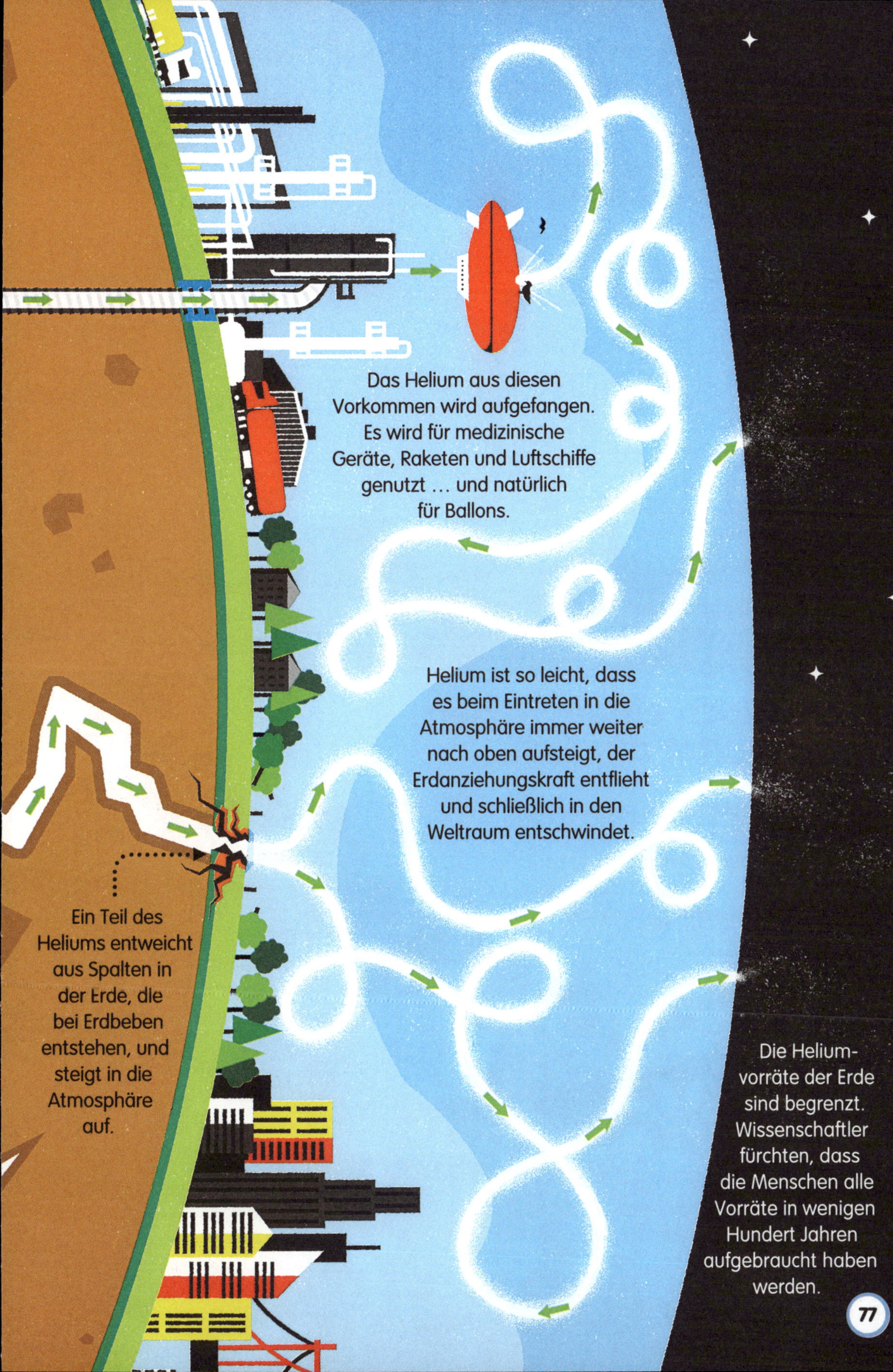

Das Helium aus diesen Vorkommen wird aufgefangen. Es wird für medizinische Geräte, Raketen und Luftschiffe genutzt … und natürlich für Ballons.

Helium ist so leicht, dass es beim Eintreten in die Atmosphäre immer weiter nach oben aufsteigt, der Erdanziehungskraft entflieht und schließlich in den Weltraum entschwindet.

Ein Teil des Heliums entweicht aus Spalten in der Erde, die bei Erdbeben entstehen, und steigt in die Atmosphäre auf.

Die Heliumvorräte der Erde sind begrenzt. Wissenschaftler fürchten, dass die Menschen alle Vorräte in wenigen Hundert Jahren aufgebraucht haben werden.

63 Bei Phantomregen brauchst du keinen Schirm.

Wenn die Luft über dem Erdboden besonders warm ist, können Regentropfen beim Herabfallen verdunsten, bevor sie den Boden erreichen. Wetterexperten sprechen von **Virga**, aber das Phänomen ist auch als **Phantomregen** bekannt.

Virga ist oft über einer Wüste zu beobachten.

64 Nach einem Regen duftet die Erde.

Mikroskopisch kleine Organismen, die überall auf der Erde in Gestein und Boden zu finden sind, geben einen Geruchsstoff an die Luft ab, der **Geosmin** genannt wird.

Nach einem starken Regen ist der Geruch von Geosmin am intensivsten. Die Organismen, die den Stoff produzieren, gelangen jetzt durch winzige Wassertropfen an die Luft.

Der Geruch von Regen auf trockener Erde wird **Petrichor** genannt.

Die menschliche Nase kann diesen Geruch besonders gut erschnuppern, aber niemand weiß, warum das so ist.

65 In der größten Höhle der Welt wächst ein unterirdischer Regenwald.

Die Son-Doong-Höhle in Vietnam ist die größte Höhle der Erde. Ein Fluss fließt durch sie hindurch und in ihr wächst ein üppiger unterirdischer Regenwald.

66 Ein Vampir und ein Monster entstiegen einem Vulkanausbruch.

Am 10. April 1815 ereignete sich in Südostasien einer der stärksten Vulkanausbrüche der Erdgeschichte. Seine Nachwirkungen waren auf der ganzen Welt spürbar. Dazu gehörten sinkende Temperaturen, anhaltende Regenfälle, Ernteausfälle mit anschließender Nahrungsmittelknappheit und sogar die Geburt zweier neuer Monster …

Kleine Ascheteilchen wurden um die ganze Welt getragen und verdunkelten monatelang das Sonnenlicht.

Auf der ganzen Welt sanken die Temperaturen. Das nächste Jahr ging als das **Jahr ohne Sommer** in die Geschichte ein. Ernten fielen aus, was zu einer weltweiten Nahrungsmittelknappheit und vermutlich zu Hunderttausenden von Toten führte.

Die Explosion war auf der Insel **Sumatra** zu hören, die über 2.600 km entfernt liegt.

Selbst in weit entfernten Städten wie **Paris** und **London** beobachteten die Menschen ungewöhnlich leuchtende Sonnenuntergänge, die von Ascheteilchen in der Luft verursacht wurden.

Das schlechte Wetter im Jahr ohne Sommer hatte auch Einfluss auf das künstlerische Schaffen von Malern, Schriftstellern und Musikern.

Eine Gruppe von britischen Schriftstellern, die den Sommer in der Schweiz verbrachten, konnte wegen des Regens tagelang das Haus nicht verlassen. **Mary Shelly** ersann dabei die Geschichte von *Frankenstein*, einem Monster aus einem wissenschaftlichen Experiment. **John Polidori** schrieb mit *Der Vampir* die erste moderne Vampirgeschichte.

67 Der höchste Gipfel in Nordamerika hat über 40 Namen.

Der höchste Berg in Nordamerika ist ein Granitgipfel in Alaska, der **6.190 m** hoch ist. Über seinen Namen herrschte lange Uneinigkeit.

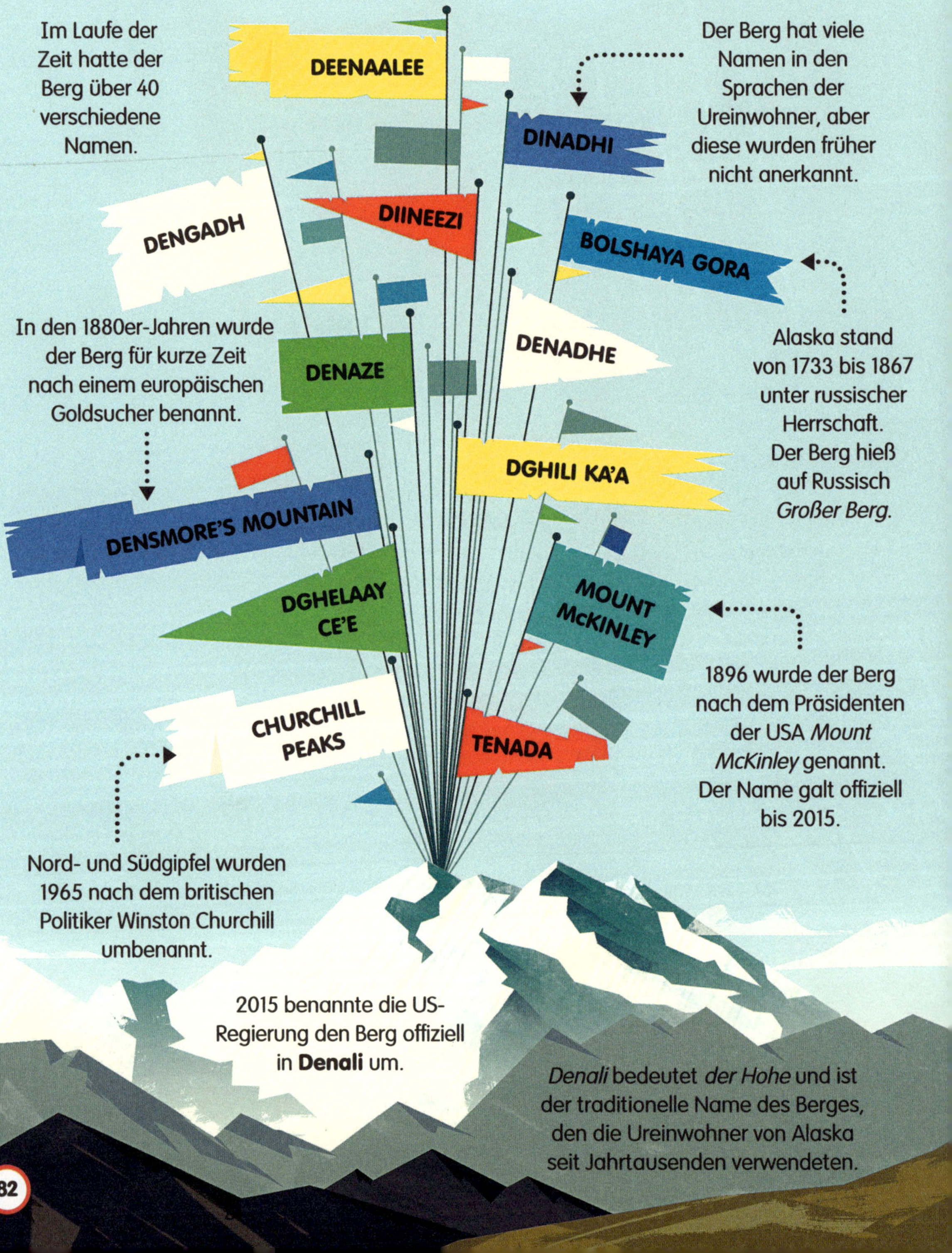

Im Laufe der Zeit hatte der Berg über 40 verschiedene Namen.

Der Berg hat viele Namen in den Sprachen der Ureinwohner, aber diese wurden früher nicht anerkannt.

In den 1880er-Jahren wurde der Berg für kurze Zeit nach einem europäischen Goldsucher benannt.

Alaska stand von 1733 bis 1867 unter russischer Herrschaft. Der Berg hieß auf Russisch *Großer Berg*.

1896 wurde der Berg nach dem Präsidenten der USA *Mount McKinley* genannt. Der Name galt offiziell bis 2015.

Nord- und Südgipfel wurden 1965 nach dem britischen Politiker Winston Churchill umbenannt.

2015 benannte die US-Regierung den Berg offiziell in **Denali** um.

Denali bedeutet *der Hohe* und ist der traditionelle Name des Berges, den die Ureinwohner von Alaska seit Jahrtausenden verwendeten.

68 Inseln der Trostlosigkeit und Täuschung liegen im Südlichen Ozean.

Die Namen, die Berge und Inseln tragen, sagen manchmal mehr über ihre Entdecker als über die Orte selbst aus.

In den Gewässern um den Kontinent Antarktika gibt es zahlreiche Inseln. Einige sind nach ihren Entdeckern benannt, nach deren Freunden oder ihren Heimatorten. Andere Namen hingegen drücken die Gefühle der Naturforscher aus, die sie entdeckten: Angst, Sorge oder Erleichterung.

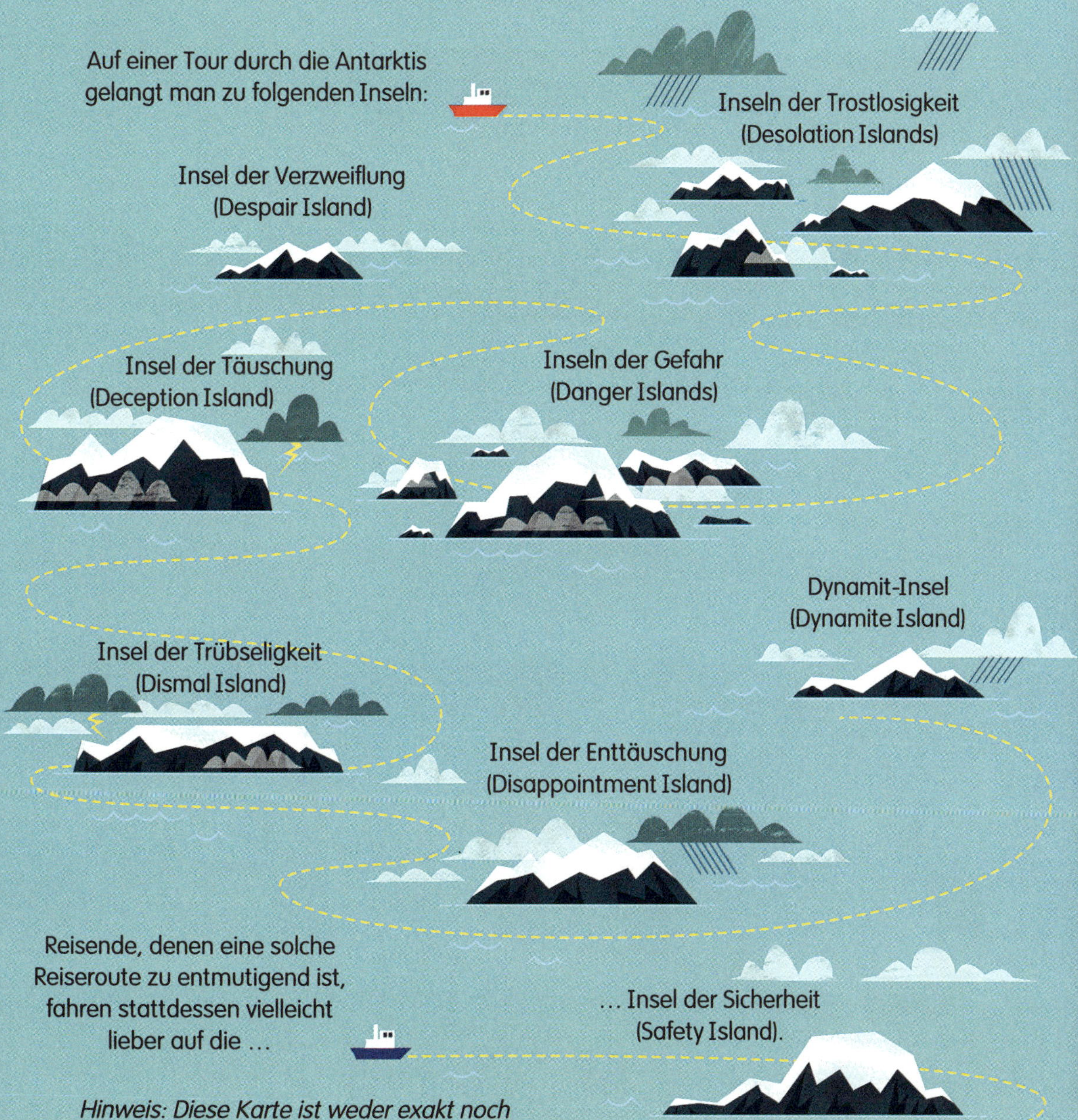

Hinweis: Diese Karte ist weder exakt noch maßstabsgetreu, aber diese Inseln gibt es wirklich.

69 Steine wandern nachts durch die Wüste.

Im Tal des Todes in Kalifornien liegt die sogenannte **Racetrack Playa** (dt. „Rennbahn-Ebene"), auf der große Steine nachts von ganz allein zu wandern scheinen. Doch wie bewegen sich die schweren Steine?

Wissenschaftler beschäftigen sich seit etwa 100 Jahren mit diesem Rätsel, aber erst 2014 konnte es endgültig gelöst werden …

In der Nacht sinken die Temperaturen und eine dünne Eisschicht überzieht die Racetrack Playa.

Wenn das Eis in der frühen Morgensonne zu schmelzen beginnt, bildet sich eine dünne Wasserschicht.

Der kleinste Luftzug reicht aus, um das schwimmende Eis zu bewegen, welches die Steine mit sich trägt.

Die sengende Wüstensonne lässt das Wasser trocknen und die Steine bleiben an ihrem neuen Ort liegen.

70 Kristalle so groß wie Busse wachsen in einer Höhle in Mexiko.

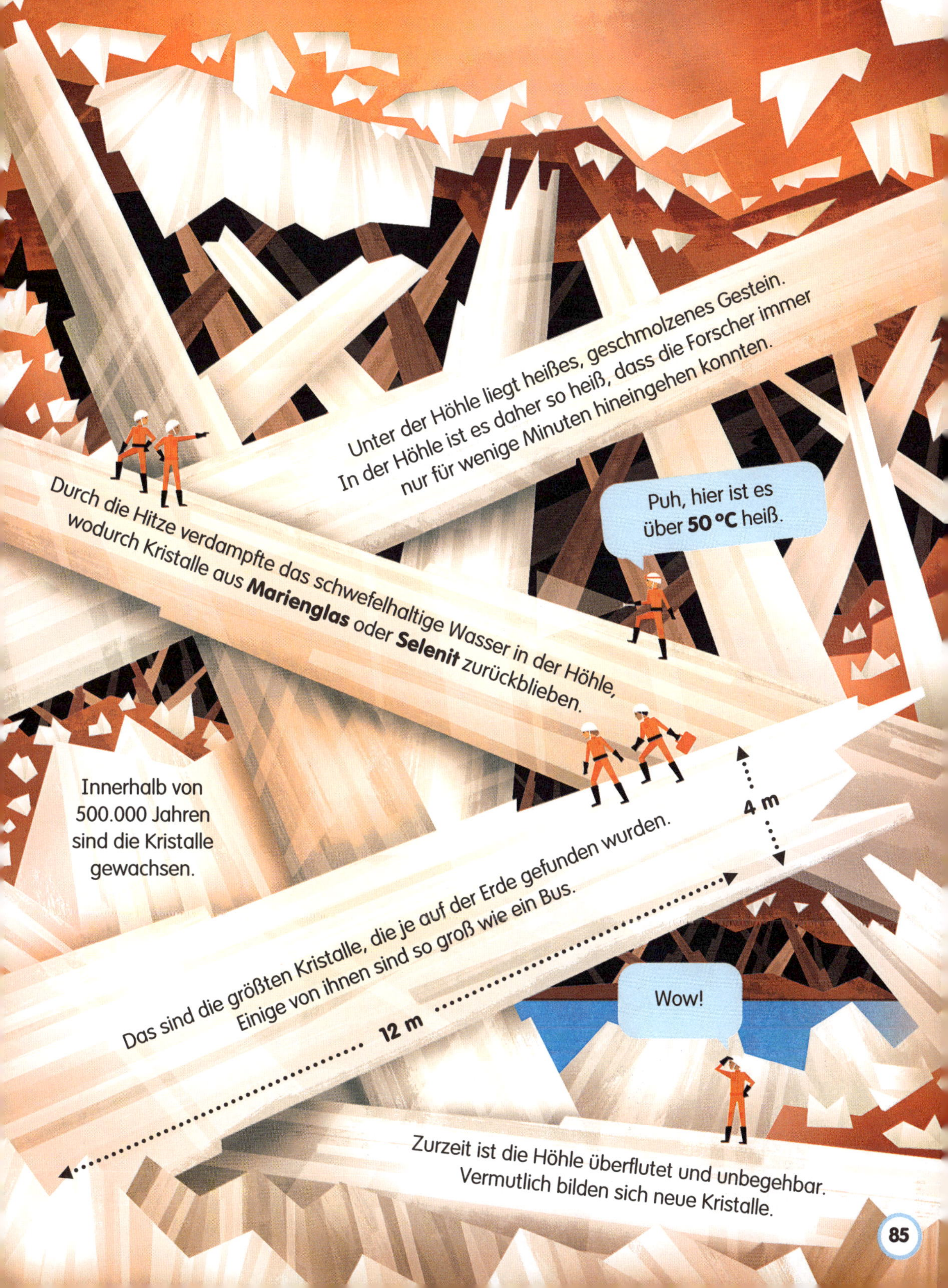

71 Hollywood-Schnee kam früher aus der kalifonischen Wüste.

In den frühen Hollywoodfilmen verwendete man künstlichen Schnee, um das ganze Jahr über Winterszenen drehen zu können. Dieser Schnee war damals aus dem weißen Mineral **Gips**.

72 Die Erde wird ständig von vielen Minimonden umrundet.

Die Erde hat nur einen Mond, aber Tausende von kleinen Asteroiden umkreisen unsere Erde als Minimonde. Die meisten von ihnen sind kleine Felsbrocken.

73 Je heißer die Erde wird, desto kleiner werden die Tiere.

DIE ZEITUNG FÜR MEHR WISSEN

TIERE WERDEN KLEINER

Der Klimawandel führt zu einem Anstieg der Durchschnittstemperaturen. Dies gab es bereits vor 55 Millionen Jahren in der Zeit des **Paläozän/Eozän-Temperaturmaximums**. Viele Tier- und Pflanzenarten starben aus. Fossilien belegen, dass die Größe der Säugetiere um rund ein Drittel abnahm.

Gämsfarbige Gebirgsziegen sind rund ein Viertel kleiner als vor 30 Jahren.

Viele Fischarten wie Thunfisch, Lachs und Kabeljau könnten bis 2050 immer kleiner werden. Manche Wissenschaftler sagen, dass für jedes Grad, um das das Wasser sich erwärmt, die Körpergröße um 30 % abnimmt.

WETTERVORHERSAGE

Das warme Wetter hält an.	MO	DI	MI

WARUM WERDEN TIERE KLEINER?

Warmes Wasser enthält weniger Sauerstoff als kaltes Wasser, wodurch große Fische nicht mehr genug Sauerstoff zum Atmen haben. Da kleinere Fische weniger Sauerstoff brauchen, können sie überleben.

Tiere werden kleiner, weil sie weniger Nahrung finden. Muttertiere bringen kleinere Jungtiere zur Welt, da sie weniger Futter zur Verfügung haben. Kleinere Tiere, die weniger Futter brauchen, haben bessere Überlebenschancen.

74 Alles Gold auf der Erde kommt aus dem Weltraum.

Gold ist ein Schwermetall, das eine hohe Dichte hat und im Vergleich zu seiner Größe viel wiegt. Gold kann nicht auf der Erde entstehen, sondern wird im Inneren von Sternen gebildet, wenn diese verbrennen. Wissenschaftler vermuten deshalb, dass alles Gold der Erde aus dem Weltraum stammen muss.

Etwas Gold befindet sich im *Kern* der Erde. Wissenschaftler vermuten, dass der kosmische Staub, der sich bei der Entstehung der Erde zusammenballte, eine gewisse Menge Gold enthielt. Das Gold sank in die Mitte des Planeten, wo es unerreichbar ist.

Das Gold in der Erdkruste könnte von Meteoriten stammen, die Gold enthielten. Diese Meteoriten schlugen im sogenannten **Großen Bombardement** vor rund 4 Milliarden Jahren auf die Erde.

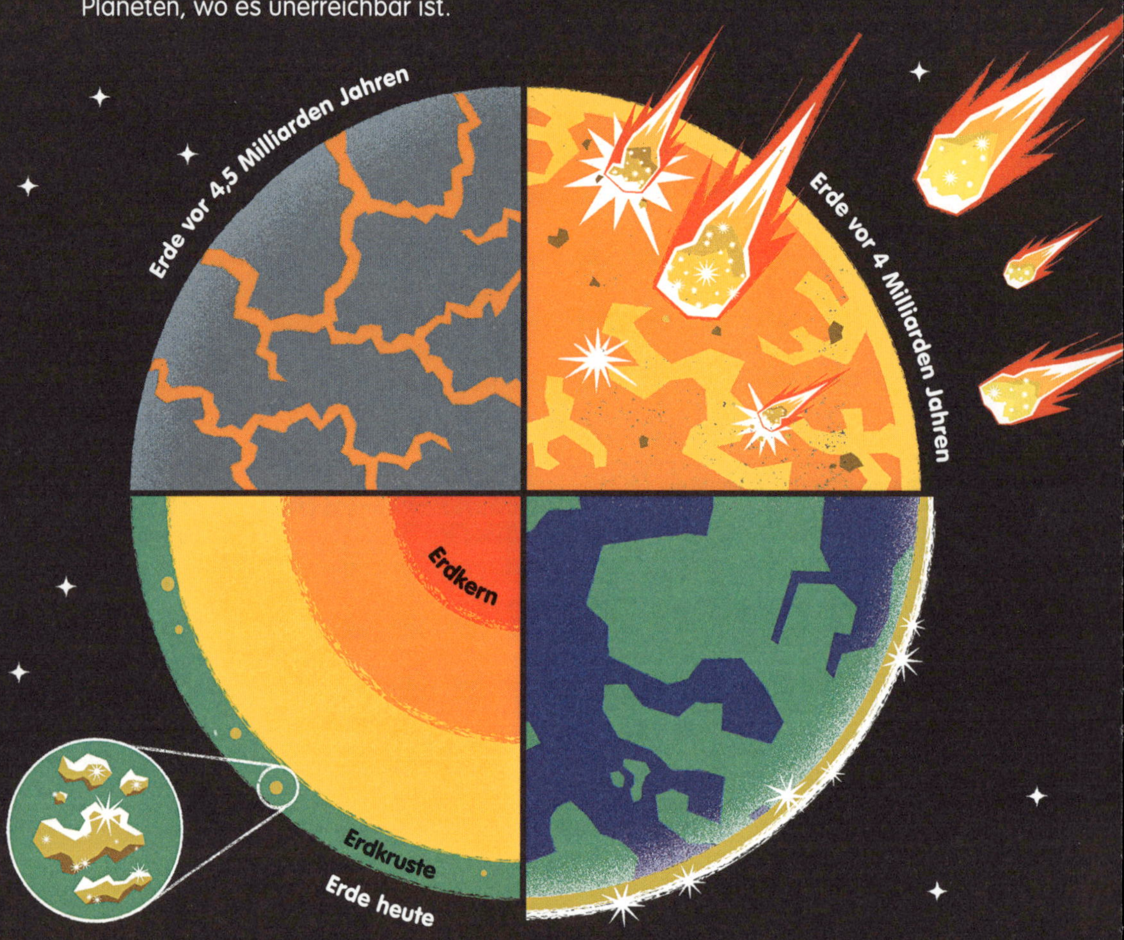

Gold macht nur ein Milliardstel der Erdkruste aus. Das hört sich nicht nach besonders viel an, aber es war genug, um all das Gold zu schürfen, das bisher verwendet wurde.

Im Erdkern steckt so viel Gold, dass man damit den Planeten mit einer 4 m dicken Goldschicht überziehen könnte … aber man kommt nicht dran.

75 Ein Flugsaurier könnte im 21. Jahrhundert nicht fliegen.

Wanderalbatrosse haben die größte Flügelspannweite aller heute lebenden Vögel der Welt. Sie sind ausdauernde Flieger und können 15.000 Kilometer ohne Unterbrechung zurücklegen. Sie gleiten über die Meeresoberfläche und lassen sich vom Aufwind, der über das Wasser streicht, nach oben treiben.

Wanderalbatros
Flügelspanne: bis zu 3,5 m
Gewicht: bis zu 12,7 kg

Vor Millionen von Jahren, in den Zeitabschnitten von Jura und Kreide, gab es Flugsaurier, die *viel größer* als ein Albatros waren.

Quetzalcoatlus
(der größte bekannte Flugsaurier aller Zeiten)
Flügelspanne: bis zu 14 m
Gewicht: bis zu 250 kg

Forscher vermuten, dass die Atmosphäre damals viel dichter und wärmer gewesen sein muss als heute, um die riesigen Tiere zu tragen. **ABER …**

… in der dünneren und kühleren Atmosphäre der heutigen Zeit würde ein Flugsaurier niemals vom Boden kommen, auch wenn er noch so fest mit den Flügeln schlüge.

76 Ein künftiger Präsident machte aus dem amerikanischen Westen ein Schachbrett.

Die Geschichte der USA begann 1776 mit 13 Staaten an der Ostküste von Nordamerika. Die Nation vergrößerte sich schnell und breitete sich bis in die riesigen Regionen im Westen aus. Die US-Regierung brauchte dringend eine Methode zur Aufteilung der Flächen, um sie an Siedler und Investoren zu verkaufen.

Thomas Jefferson, ein Politiker aus Virginia, der später Präsident der USA wurde, fand die Lösung: die Aufteilung in ein gleichmäßiges Raster.

Jeffersons Aufteilung wurde 1785 eingeführt. Die Landvermesser mussten **Millionen von Quadratmeilen** katalogisieren.

Rastersektionen konnten weiter unterteilt und als kleinere Grundstücke verkauft werden.

Auch neue Dörfer und Städte wurden nach dem Raster geplant.

Das Raster berücksichtigte natürliche Gegebenheiten wie Flüsse, Berge und Seen nicht.

Aus der Vogelperspektive sehen Grundstücke wie riesige Kreise aus. Diese Kreise sind Felder.

Die runden Felder können optimal bewässert werden. Aus einem Brunnen fließt das Wasser in fahrbare Rohre, aus denen es auf die Pflanzen hinabfällt.

Nach diesem einfachen und logischen Aufteilungssystem konnten Interessenten Land kaufen, das sie bisher nur auf einer Landkarte gesehen hatten. Das Schachbrettmuster ist bis heute aus der Luft zu erkennen.

77 Ein dritter Mann begleitet Bergsteiger auf die höchsten Gipfel.

In extremen Höhenlagen und in der sauerstoffarmen kalten Luft können Bergsteiger eine Reihe von manchmal tödlich verlaufenden körperlichen Beschwerden erleiden … neben einer geheimnisvollen Wahnvorstellung, die das **Dritte-Mann-Phänomen** genannt wird.

Bergsteiger, die über **8.000 m** steigen, betreten die sogenannte **Todeszone**. Hier nimmt der Körper nur noch ein Drittel des Sauerstoffs auf, der ihm sonst auf Höhe des Meeresspiegels zur Verfügung steht.

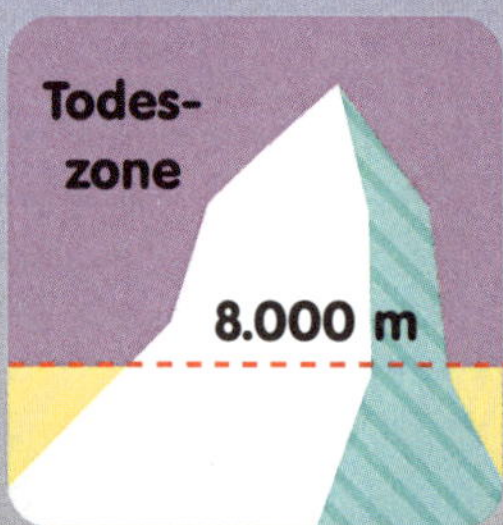

Sauerstoffmangel verursacht Kopfschmerzen, Müdigkeit, Schwindel, Schlaflosigkeit, Verwirrung und eine mögliche Schwellung von Gehirn und Lungen.

Viele Bergsteiger berichten zudem, dass sie in großen Höhen eine geheimnisvolle Figur wahrnehmen, die sie auf den Hängen begleitet.

Der geheimnisvolle Begleiter, der gute oder auch schlechte Ratschläge einflüstert, existiert jedoch gar nicht. Er ist eine Sinnestäuschung oder Halluzination.

Das **Dritte-Mann-Phänomen** vergeht wieder, wenn die Bergsteiger in tiefere Regionen absteigen.

78 Kostüme und Requisiten wurden auf Polarexpeditionen mitgenommen.

Im 19. Jahrhundert segelten Polarforscher zum nördlichen Polarkreis, um nach neuen Seerouten, unentdeckten Inseln und dem Nordpol zu suchen. Auf ihre Expeditionen nahmen sie alles mit, was sie zum Überleben brauchten, einschließlich Bühnenrequisiten und Theaterkostümen.

Diese Gegenstände waren wichtig, weil die Sonne in der Nähe der Pole für sechs Monate im Jahr hinter dem Horizont verschwindet.

Im Winter fror das Meer zu und die Schiffe konnten nicht weiterfahren. Das Wasser war von August bis Juni gefroren.

So kam es vor, dass Expeditionsschiffe zehn Monate des Jahres im Eis festsaßen und erst weitersegeln konnten, wenn das Meer für kurze Zeit auftaute.

Untätig eingesperrt in kalte, enge Schiffe, wurden die Männer gereizt und griesgrämig und ihre psychische Gesundheit litt bedenklich.

Um die Stimmung aufzuheitern, führten die Männer Theaterstücke auf, hielten Vorträge und gaben Konzerte für ihre Kameraden.

79 Eine Flotte von Quietscheentchen gibt Aufschluss über den Fluss der Meere.

Im Jahr 1992 gingen bei einem Sturm im Ostpazifik Container mit 29.000 gelben Gummienten und anderen Spielzeugtieren von einem Frachter über Bord. Ozeanografen nutzen und verfolgen seitdem die Sichtungen dieser Enten, um mehr über die Strömungen der Ozeane herauszufinden.

Die Weltkarte zeigt die bisherige Reise der Spielzeuge und wie sie mit den Meeresströmungen in verschiedene Richtungen getrieben wurden.

4

2001: Spielzeuge wurden vor der Küste von Neufundland gesichtet, **9.500 km** vom Ausgangspunkt entfernt.

5

2007: Die ersten Spielzeuge erreichten Europa. Eines wurde an einem Strand in Schottland gefunden, **16.500 km** vom Ausgangspunkt entfernt. Heute schwimmen noch 2.000 Spielzeuge im Meer.

Zur Erforschung der Meeresströmungen verwenden Ozeanografen elektronische Tracker. Sie senden die Daten ihrer Position per GPS. Durch die große Anzahl der Spielzeugenten erhielten die Wissenschaftler jedoch ein viel genaueres Bild der Strömungen.

80 Durch den Schwarzen Tod wurde der Planet kälter.

Zwischen dem 17. und dem 19. Jahrhundert sanken die Temperaturen rund um die Welt erheblich. Wissenschaftler sprechen von der Kleinen Eiszeit. Sie vermuten, dass das Klima zum Teil durch eine Verringerung der Bevölkerung beeinflusst wurde, denn unzählige Menschen starben an der Pest, genannt **Schwarzer Tod**.

Zehntausende Menschen starben an der Pest, die sich im 14. Jahrhundert in Westasien und Europa ausbreitete.

20 % der gesamten Weltbevölkerung starben. Ganze Gebiete wurden entvölkert. Verlassene Dörfer verfielen mit der Zeit.

In den nächsten Jahrhunderten konnten sich die Wälder ausbreiten, was **natürliche Wiederaufforstung** genannt wird.

Die Bäume nahmen viel Kohlendioxid auf, was zur Abkühlung des Klimas führte. Moderne Bodenuntersuchungen belegen diese Theorie.

Man geht davon aus, dass auch Veränderungen der Ozeanströmungen und niedrigere Strahlenmengen von der Sonne zur Entstehung der Kleinen Eiszeit beitrugen.

81 Durch Luftverschmutzung begann die Gletscherschmelze.

Sauberer, weißer Schnee reflektiert rund 90 % des Sonnenlichts. So bleiben die Gletscher im Gebirge und an den Polkappen fest. Doch Ruß kann Gletscher zum Schmelzen bringen.

82 „Vog“, vulkanische Gase und „Lavanados“ machen tödliche Vulkane auf Hawaii noch gefährlicher.

Bei Vulkanausbrüchen entstehen gewaltige Explosionen, riesige Lavafontänen und Asche- und Staubwolken. Sie können auch auf andere Weise gefährlich sein.

Kriechender „Vog“ hüllt dich ein!

Schwefelhaltige vulkanische Gase steigen in die Luft auf und vermischen sich mit Wassertröpfchen. So entsteht „Vog“, ein säurehaltiger vulkanischer Smog, der im Hals brennt, die Haut reizt und die Augen tränen lässt.

Du stolperst durch dicke Schwaden von vulkanischen Gasen!

Ein Lavastrom ergießt sich ins Meer und riesige Dampfwolken steigen auf. Diese tödlichen Gase enthalten **Salzsäure** und winzige, messerscharfe Glaspartikel.

Die Göttin Pele wickelt dich in ihre Haare und schneidet dich von innen auf!

Lavablasen platzen und bilden dabei dünne Glasfäden, die so leicht sind, dass der Wind sie wegweht. Die goldenen Fäden, die nach einer hawaiianischen Göttin **Pele-Haare** genannt werden, glimmern und zerbrechen.

Pass auf, dass du diese winzigen Glasfasern nicht einatmest oder verschluckst!

Ein wirbelnder „Lavanado" legt dich in Schutt und Asche!

Die extreme Hitze des Lavastroms erzeugt wirbelnde Aufwinde. Diese Windböen sind so stark, dass sie feurige Tornados aus heißer Lava in tödlichen „Lavanados" in die Luft schleudern.

Glückwunsch!

Du bist etwas angebrannt, dampfgegart und getoastet, aber du hast überlebt!

83 Zwischen „Yesterday“ und „Tomorrow“ liegt nur eisiges Wasser.

Mitten im kalten, vom Wind gepeitschten Meer zwischen Alaska und Russland liegen die zwei kahlen Felsen der Diomedes-Inseln, die manchmal auch Yesterday (dt. gestern) und Tomorrow (dt. morgen) genannt werden. Sie liegen nur **3,8 km** voneinander entfernt, aber es trennen sie **21 Stunden**.

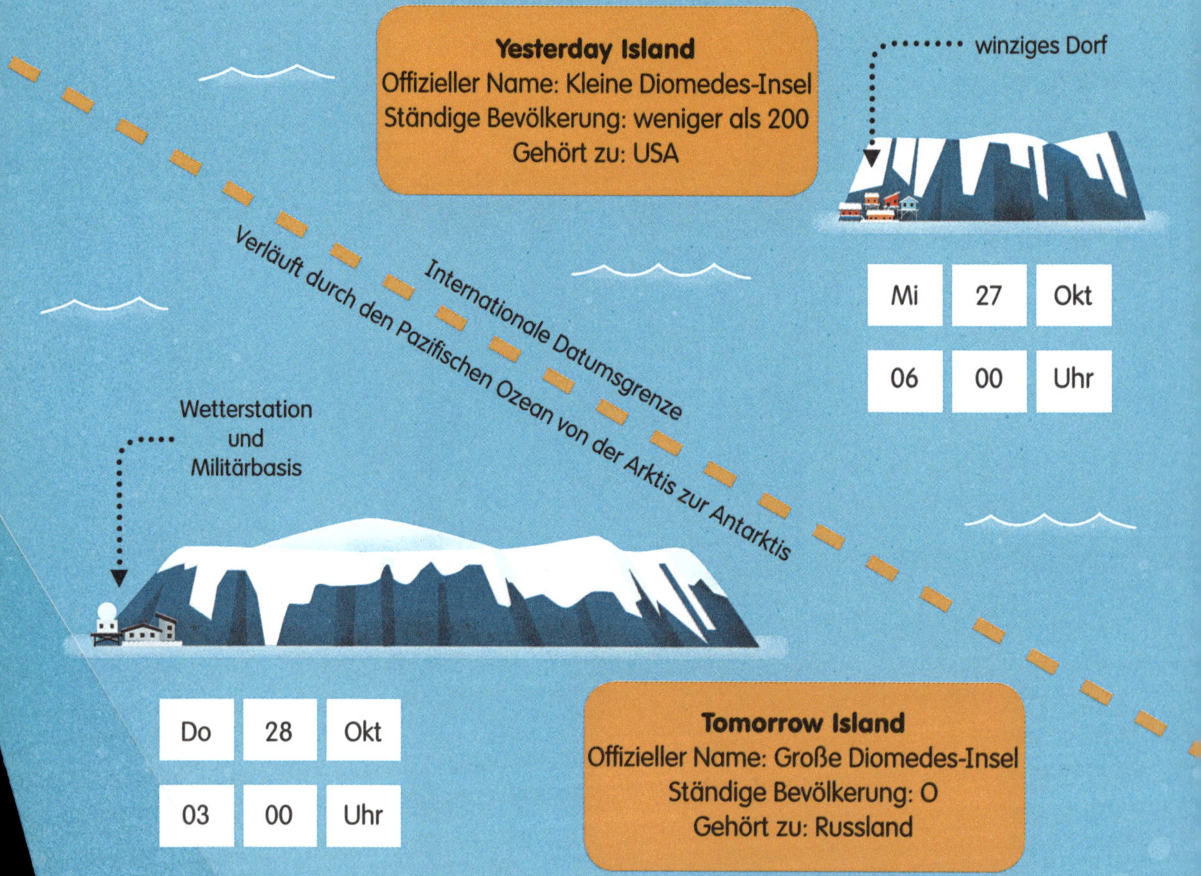

Die Datumsgrenze, eine gedachte Linie, die von Pol zu Pol verläuft, markiert die Grenze zwischen einem Tag und dem nächsten.

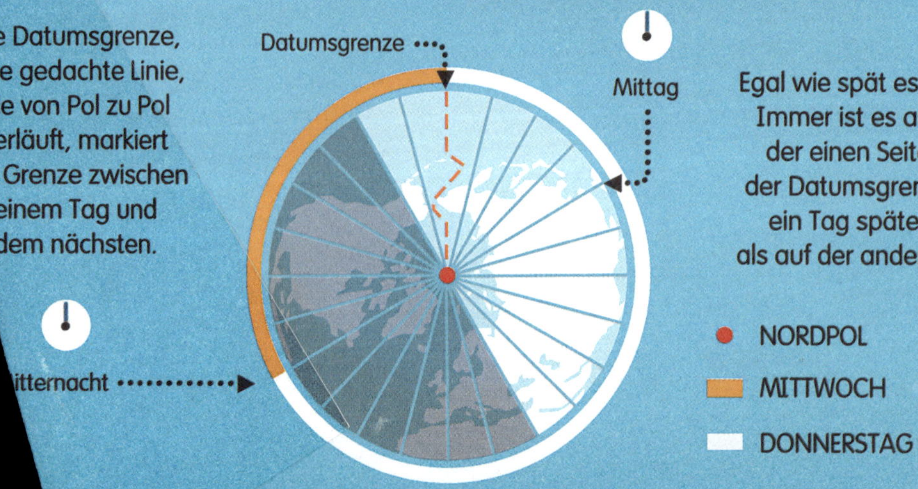

Egal wie spät es ist: Immer ist es auf der einen Seite der Datumsgrenze ein Tag später als auf der anderen.

84 Freitag, Samstag und Sonntag fallen auf einen Tag.

1

Es wäre logisch, wenn die Datumsgrenze eine gerade Linie von Pol zu Pol wäre.

Internationale Datumsgrenze im Südpazifik

2

Tatsächlich entscheidet jedoch jedes Land für sich, zu welcher Zeitzone es gehört und auf welcher Seite der Datumsgrenze es liegt.

3

So verläuft die Datumsgrenze im Zickzack um Ländergrenzen und kommt dabei Tausende von Kilometern vom Kurs ab. In dieser Darstellung führt die Grenze um den pazifischen Inselstaat von Kiribati herum.

4

Daraus folgt, dass es jeden Tag für ungefähr zwei Stunden an verschiedenen Orten der Welt gleichzeitig heute, gestern und morgen ist.

Im Winter friert das Meer zwischen der Großen und der Kleinen Diomedes-Insel manchmal zu.

Du könntest also *theoretisch* von Gestern nach Heute gehen und wieder zurück.

85 Ein prähistorisches Höhlennetz wurde von riesigen Ur-Faultieren gegraben.

Höhlen entstehen meist durch die Kraft des Wassers, das Gestein wegschwemmt. In Südamerika wurden über 1.500 Höhlen entdeckt, die wahrscheinlich auf andere Weise entstanden sind. Die größte bisher entdeckte Höhle ist ein über 610 m langes Tunnelsystem.

Wissenschaftler stellten fest, dass die Tunnelwände seltsame Kratzspuren aufwiesen und die Decken wellig und kuppelförmig waren. Sie konnten daher nicht von Wasser geformt worden sein.

Diese ungewöhnlichen Merkmale lassen vermuten, dass die Tunnel oder **paläontologischen Baue** vor über 10.000 Jahren als Schutzhöhlen von großen prähistorischen Lebewesen gegraben wurden, möglicherweise von riesigen Ur-Faultieren.

Die einzigartige Form der Höhlen weist darauf hin, dass die Faultiere gruben ...

... und sich dann ausruhten ...

... bevor sie einen neuen Tunnelabschnitt ausschabten.

Riesige Ur-Faultiere, die **heute ausgestorben** sind, waren ungefähr so groß und schwer wie ein Elefant.

86 Versteinerte Hühnerknochen werden ein Beweis für die Existenz des Menschen sein.

Gesteine spiegeln die Entwicklung der Erdgeschichte wider. Geologen können an Gesteinsschichten ablesen, unter welchen Bedingungen und in welchem Zeitraum sie entstanden sind. Manche Fachleute sind der Ansicht, dass der Mensch einen neuen Zeitabschnitt schafft, das **Anthropozän**.

Die Überreste unserer Nahrung sind die am weitesten verbreiteten Zeugnisse menschlicher Aktivität.

Industrielle Zuchtmethoden haben Hühner hervorgebracht, die viel **größer** als ihre Ahnen sind.

Weltweit schmeißen die Menschen jedes Jahr Knochen von **60 Milliarden** dieser Hühner in den Müll.

In vielen Tausend Jahren wird man Gesteinsschichten finden, in denen sich massenweise die Überreste großer, versteinerter Hühnerknochen finden lassen.

Die versteinerten Überreste der Knochen und **Technofossilien** aus Abfallstoffen, wie Plastik und Beton, werden der Nachwelt Auskunft über das Anthropozän geben.

In älteren Gesteinsschichten werden viel kleinere und viel weniger Hühnerknochen und keine Technofossilien zu finden sein.

In dieser Zeit haben menschliche Aktivitäten noch nicht die Erde dominiert.

In tieferen Schichten liegen Fossilien von Dinosauriern, die in einer Zeit lebten, in der es weder Menschen noch Hühner gab.

87 Die größte Bedrohung für das Leben auf der Erde ist der Mensch.

In der Geschichte der Erde gab es fünf **Massenaussterben**, bei denen viele Arten verschwanden. Sie wurden durch plötzliche Veränderungen des Klimas oder der Atmosphäre verursacht. Wissenschaftler sind der Ansicht, dass wir uns mitten in einem sechsten Massenaussterben befinden, doch diesmal ist der Mensch die Ursache.

Diese Karte zeigt einige der durch den Menschen verursachten Gründe für ein Massenaussterben.

Warme Meere

An vielen Orten bedeutet der Klimawandel, dass das Wasser zu warm wird und Lebewesen darin nicht mehr überleben können.

Abholzung des Regenwaldes

Der Regenwald ist die „grüne Lunge der Erde". Ohne Bäume ist es unmöglich, weniger Kohlendioxid zu erzeugen.

Gletscherschmelze

Wenn der Schnee schmilzt und die Gletscher zurückgehen, verliert die Erde wichtige Süßwasserspeicher.

Zunehmende Unwetter

Der Klimawandel führt zu mehr Wetterkatastrophen (Orkane, Starkregen) mit verheerenden Folgen für die Umwelt.

Tote Riffe

Durch die Erwärmung der Meere sterben Korallenriffe.

Luftverschmutzung

Der weiter zunehmende Autoverkehr und die Industrie sorgen für eine steigende Kohlendioxidbelastung in der Atmosphäre.

Ausbreitung von Wüsten

Immer mehr Gebiete werden zu unfruchtbaren Wüsten, da durch die Erderwärmung an heißen Orten weniger Regen fällt.

Große Städte

Viele Städte breiten sich immer weiter aus und verdrängen Tiere aus ihren Lebensräumen.

Verdreckte Gewässer

Ungeklärte Abwässer und Abfälle verschmutzen Gewässer. Meerestiere werden durch Plastikmüll getötet.

Der vom Menschen verursachte Klimawandel ist daran schuld, dass Tiere und Pflanzen

100 bis 1.000-mal

schneller aussterben als in anderen Zeiträumen der Erdgeschichte. Es ist lebenswichtig, dass die Menschen umdenken und alles dafür tun, um eine weitere Erderwärmung zu verhindern.

88 Tief im Meer könnte es einen achten Kontinent geben.

Auf der Erde gibt es sieben Kontinente. Vielleicht kommt jedoch bald der achte Kontinent **Zealandia** hinzu. Bisher ist die Landmasse noch nicht als Kontinent anerkannt, aber einige Geologen behaupten, sie erfülle alle erforderlichen Kriterien.

Zealandia
Auch bekannt als: Tasmantis
Größe: 4.920.000 km²

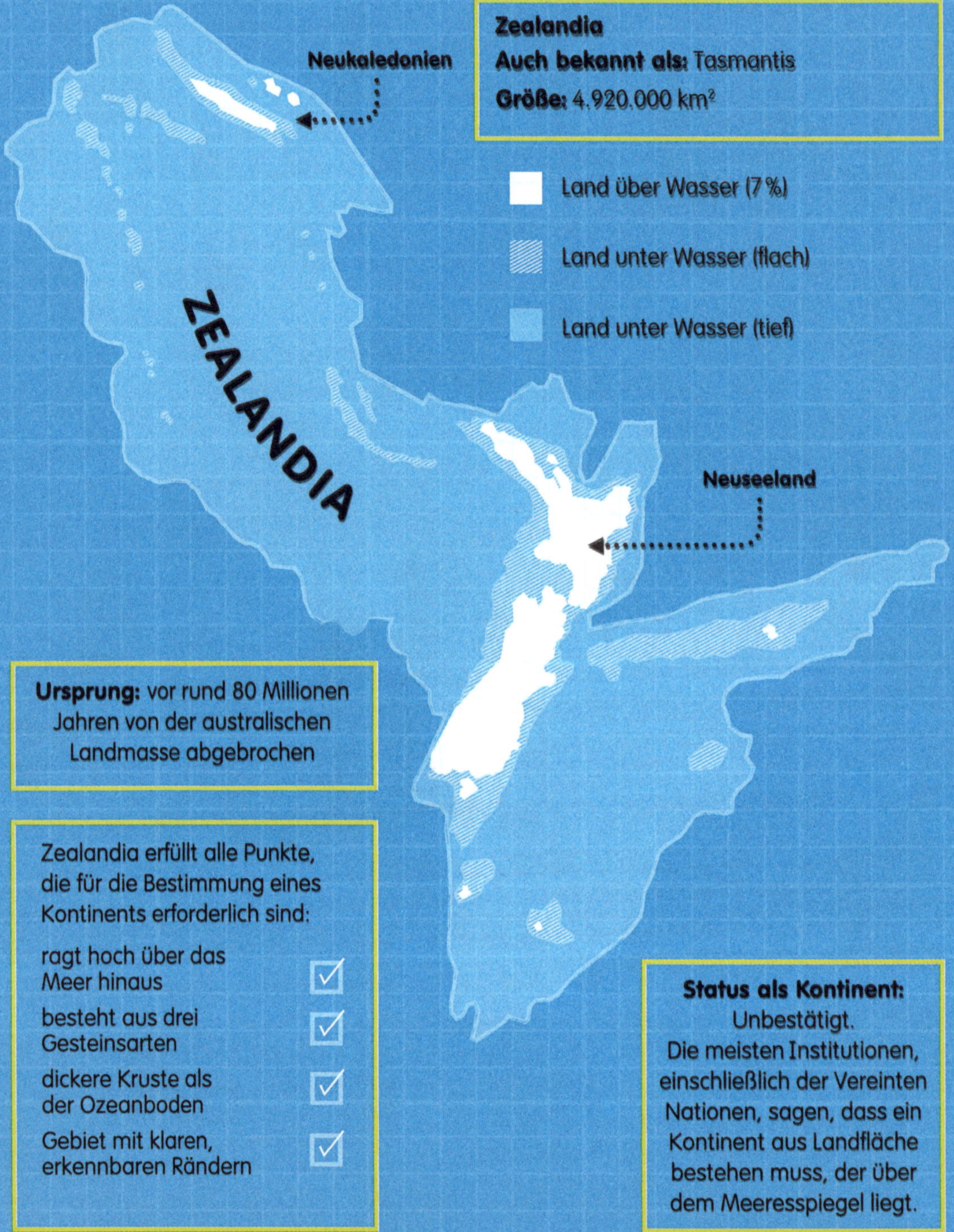

- Land über Wasser (7 %)
- Land unter Wasser (flach)
- Land unter Wasser (tief)

Ursprung: vor rund 80 Millionen Jahren von der australischen Landmasse abgebrochen

Zealandia erfüllt alle Punkte, die für die Bestimmung eines Kontinents erforderlich sind:

- ragt hoch über das Meer hinaus ☑
- besteht aus drei Gesteinsarten ☑
- dickere Kruste als der Ozeanboden ☑
- Gebiet mit klaren, erkennbaren Rändern ☑

Status als Kontinent:
Unbestätigt.
Die meisten Institutionen, einschließlich der Vereinten Nationen, sagen, dass ein Kontinent aus Landfläche bestehen muss, der über dem Meeresspiegel liegt.

89 Ein Vulkan in Indonesien spuckt knallblaues Feuer aus.

Der Vulkankomplex Ijen im östlichen Java, Indonesien, ist einzigartig.

90 Ein Juwel von Tutanchamun entstand bei einem Meteoriteneinschlag.

Als Archäologen 1922 das Grab des ägyptischen Pharaos Tutanchamun entdeckten, fanden sie auch einen Halsschmuck mit wertvollen Juwelen. Der Schmuckstein in der Mitte ist aus Libyschem Wüstenglas, das vor 20 Millionen Jahren beim Einschlag eines Meteoriten entstand.

Libysches Wüstenglas
Dieses ausgesprochen selten vorkommende gelbgrüne Glas entstand, als durch Hitze und Druck beim Einschlag des Meteoriten Sand zu Glas verschmolz.

Gold
Die alten Ägypter verbanden Gold mit dem ewigen Leben, da es nicht anläuft oder rostig wird.

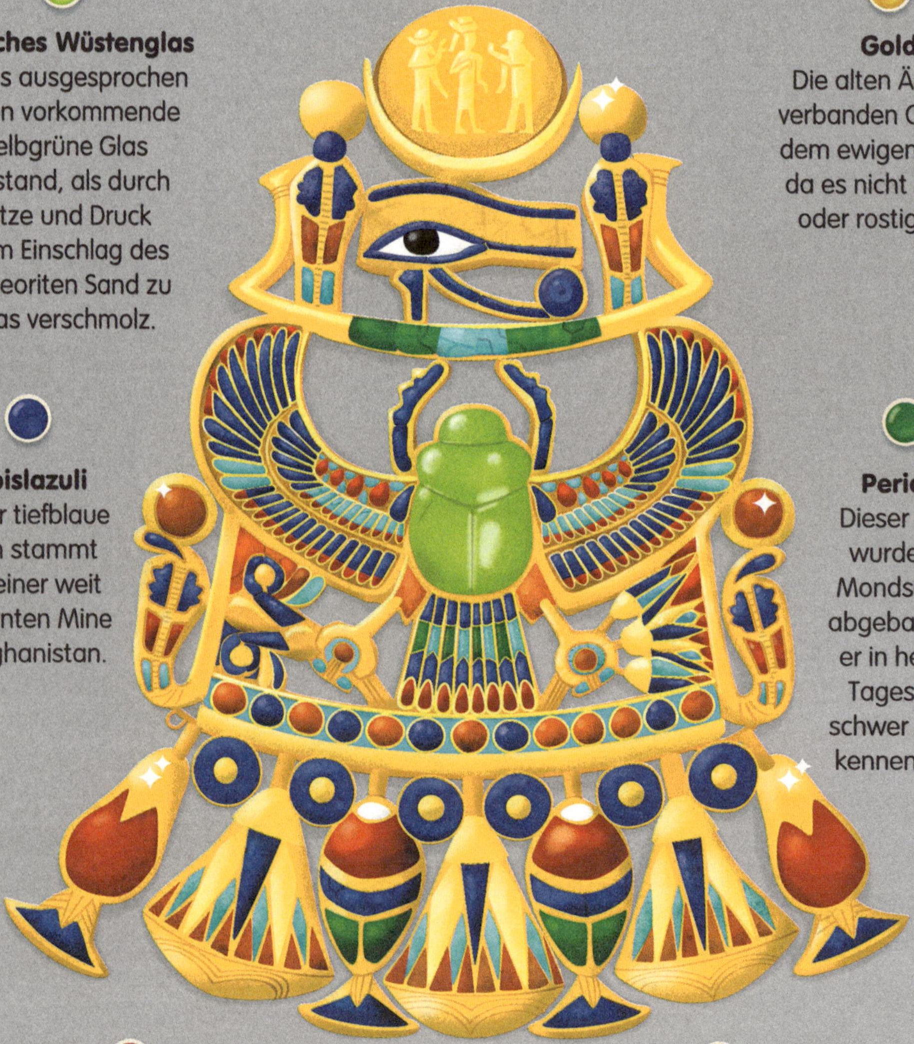

Lapislazuli
Dieser tiefblaue Stein stammt aus einer weit entfernten Mine in Afghanistan.

Peridot
Dieser Stein wurde bei Mondschein abgebaut, da er in hellem Tageslicht schwer zu erkennen war.

Karneol
Die alten Ägypter schätzten diesen orangeroten Quarzstein, den sie mit der Sonne verbanden.

Türkis
Bei den Türkisminen in Sarabit al-Chadim bauten die alten Ägypter einen Tempel für die Göttin Hathor, die als „Herrin des Türkises" verehrt wurde.

91 Ultramarinblau war einst wertvoller als Gold.

Der blaue Lapislazuli war früher bei Künstlern sehr begehrt. Der Stein wurde zu blauem Pigment zermahlen, dem sogenannten **Ultramarin**, aus dem eine lichtbeständige, sehr teure Farbe hergestellt wurde. Jahrhundertelang gab es nur eine bekannte Fundstelle für Lapislazuli.

Bis ins 18. Jahrhundert war die Sar-e-Sang-Mine im heutigen Afghanistan die einzig bekannte Fundstätte von Lapislazuli.

Die Herstellung von Ultramarin aus Lapislazuli war ein langwieriger Prozess. Daher wurde das wertvolle Pigment nur in äußerst geringen Mengen produziert.

Weil der Farbstoff so rar und seine Farbe so rein war, verwendeten Künstler Ultramarin nur für wichtige Werke, wie zum Beispiel religiöse Gemälde.

Michelangelo ließ im 16. Jahrhundert sein Gemälde *Die Grablegung Christi* unvollendet, da er nicht genug Geld für Ultramarin hatte. Er weigerte sich, eine Farbe von geringerer Qualität zu verwenden.

92 Der Chimborazo überragt Mount Everest als höchsten Punkt der Erde.

Mount Everest gilt als höchster Berg der Erde, da er der höchste Gipfel über dem Meeresspiegel ist. Misst man jedoch von der Mitte des Erdkerns aus, dann ist der höchste Punkt der inaktive Vulkan Chimborazo. Das liegt daran, dass die Erde ein **abgeplattetes Rotationsellipsoid** ist … das heißt, sie ist um den Äquator etwas ausgebaucht.

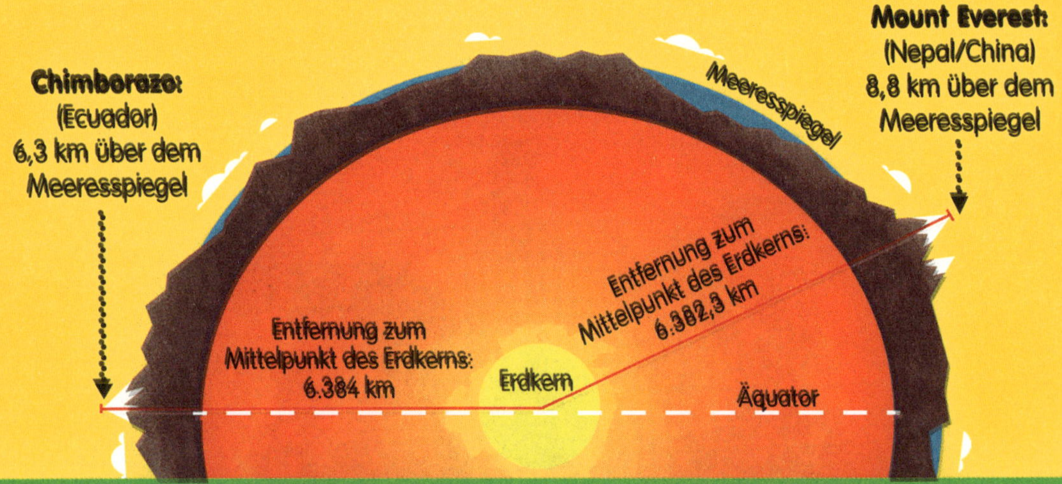

93 An den regenreichsten Orten der Erde wachsen natürliche Brücken.

Im Nordosten von Indien fallen jedes Jahr Rekordmengen von Regen. Da Bauwerke aus Holz auf Dauer verrotten würden, bauen die Einheimischen dort Brücken aus Bäumen.

94 Zwei Flüsse fließen zusammen, ohne sich zu vermischen.

In Manaus in Brasilien trifft das dunkle Wasser des Rio Negro auf das helle Wasser des Rio Solimões. Die beiden Quellflüsse des Amazonas mischen sich jedoch nicht sofort. Unterschiede in Temperatur, Dichte und Geschwindigkeit bilden eine unsichtbare Grenze zwischen den Flüssen.

95 Superkorallen könnten die Riffe der Welt retten.

Durch den Klimawandel erwärmen sich die Ozeane. Rund um den Globus sterben Korallenriffe durch die sogenannte **Korallenbleiche** ab. Wissenschaftler versuchen nun, die Riffe zu retten, indem sie **Superkorallen** züchten, die in wärmeren Gewässern besser überleben können.

Korallenriffe machen nur 0,2 % der Meere aus, aber sie bieten Lebensraum für 25 % aller Lebewesen im Meer. Ohne radikalen und umfassenden Schutz könnten die Riffe innerhalb der nächsten 30 Jahre komplett absterben.

96 Monsterwellen sind unvorhersehbar.

Monsterwollen sollen Schiffe und Inseln verschlungen haben, erzählten Seeleute früher, doch niemand glaubte ihnen, bis zur Neujahrsnacht 1995. Inzwischen haben Wissenschaftler mehrere hohe Wellen vermessen.

Neujahrsnacht 1995: Messanlagen auf der Ölbohrplattform Draupner-E vor der Küste Norwegens messen die bei Weitem größte Welle, die je aufgezeichnet wurde.

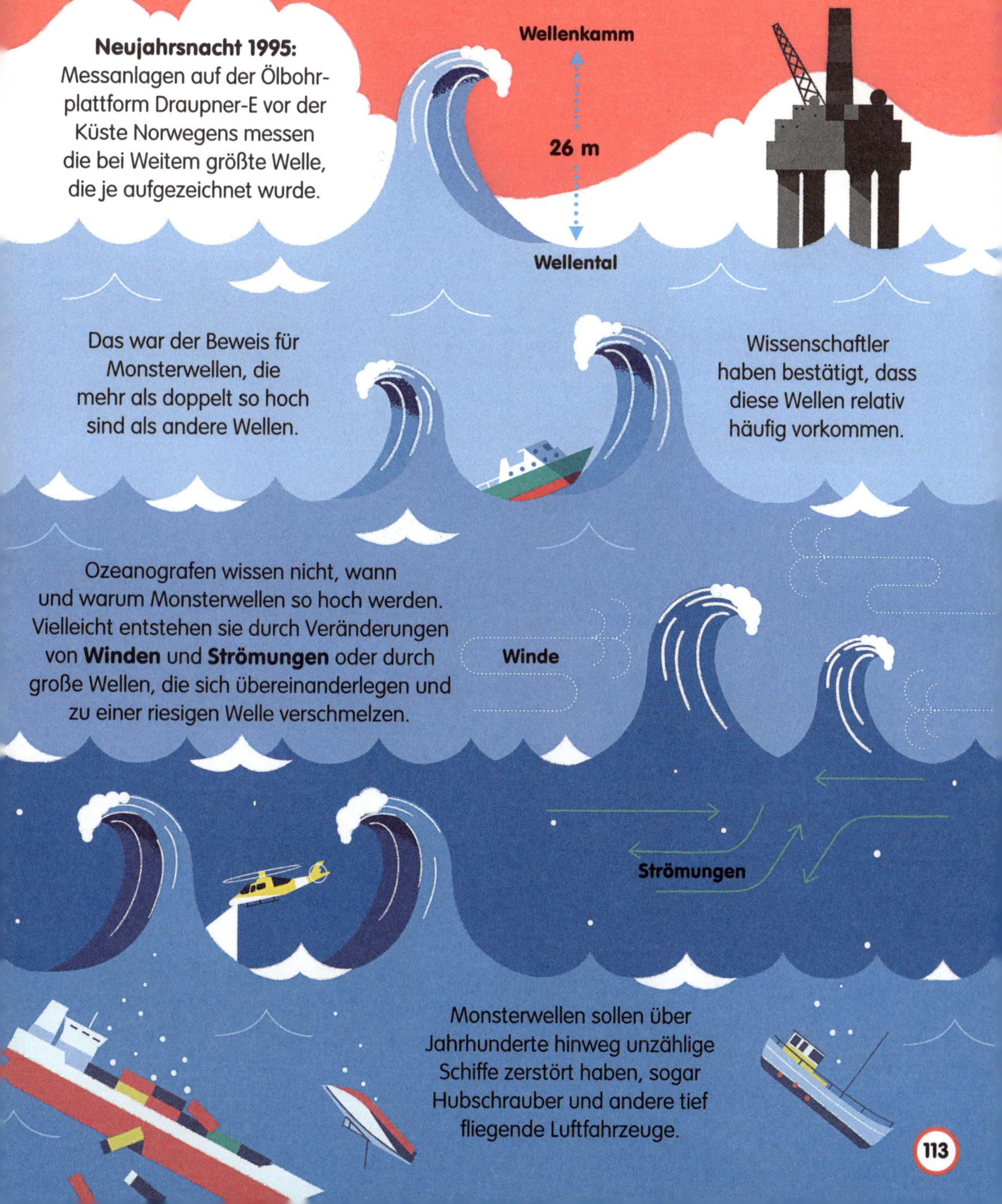

Das war der Beweis für Monsterwellen, die mehr als doppelt so hoch sind als andere Wellen.

Wissenschaftler haben bestätigt, dass diese Wellen relativ häufig vorkommen.

Ozeanografen wissen nicht, wann und warum Monsterwellen so hoch werden. Vielleicht entstehen sie durch Veränderungen von **Winden** und **Strömungen** oder durch große Wellen, die sich übereinanderlegen und zu einer riesigen Welle verschmelzen.

Monsterwellen sollen über Jahrhunderte hinweg unzählige Schiffe zerstört haben, sogar Hubschrauber und andere tief fliegende Luftfahrzeuge.

97 Der „Eiserner Vorhang" erschuf ein grünes Band.

Von 1945 bis ungefähr 1990 teilte eine lange Grenze Europa in Ost und West. Der **Eiserne Vorhang**, zu dem auch die innerdeutsche Grenze und die Berliner Mauer gehörten, war durch Wachtürme, Maschendrahtzaun und Minenfelder gesichert.

Die Grenze wurde in der Zeit des Kalten Krieges errichtet. In dieser Zeit brach zwischen den sich in West- und Osteuropa feindlich gegenüberstehenden USA und der Sowjetunion beinahe ein dritter Weltkrieg aus.

Der Eiserne Vorhang sollte Spione, Saboteure und Flüchtlinge daran hindern, die Grenze zwischen den beiden Seiten zu überqueren.

Es entstand ein langer, schmaler Streifen ohne Landwirtschaft, Bebauung oder menschlichen Einfluss, der heutzutage rund 1200 gefährdeten Tier- und Pflanzenarten einen Lebensraum bietet.

Heute existiert der Eiserne Vorhang nicht mehr. Ein Großteil des ehemaliger Grenzstreifens ist Naturschutzgebiet … ein langer, grüner Streifen Wildnis, der auch „Das grüne Band" genannt wird.

98 Staub aus der Wüste düngt den Amazonas-Regenwald.

In der Sahara in Afrika liegt die Bodélé-Depression, eine Senke, die früher ein See war.

Mikroskopisch kleine Organismen aus dem See sind im Sand begraben und reichern ihn mit nährstoffhaltigen Verbindungen an.

Jedes Jahr werden große Mengen Staub und Sand von der Bodélé-Depression nach Westen über den Atlantischen Ozean geweht.

Ein großer Teil landet im Wasser, aber eine kleine Menge fliegt **5.000 km** weit über den Ozean.

Der Staub, der in Südamerika ankommt, gelangt in den Amazonas-Regenwald. Er ist reich an Phosphor und damit ein guter Dünger für Pflanzen.

Die Phosphormenge im Staub entspricht beinahe exakt der Menge, die durch tropische Regenstürme aus dem Boden gewaschen wird. Ohne den Dünger aus der Sahara könnte der Regenwald nicht wachsen.

99 Eine Wiese unter Wasser sorgt für den Abbau von Kohlendioxid.

Eines der ältesten und wichtigsten Ökosysteme der Erde sind die Seegraswiesen im nährstoffarmen Mittelmeer. Das Neptungras *(Posidonia oceanica)* ist eine wichtige Nahrungsquelle für Meereslebewesen. Es erzeugt Nährstoffe, Sauerstoff und nimmt Kohlendioxid auf. Durch die langsam steigenden Wassertemperaturen ist dieses uralte Ökosystem bedroht.

Als Wissenschaftler eine Seegraswiese über eine Länge von **15 km** untersuchten, fanden sie heraus, dass es sich nicht um Tausende von einzelnen Pflanzen handelte. Die Wiese war ein einziger lebender Organismus.

Aufgrund der Größe und der Geschwindigkeit, mit der das Seegras wuchs, berechneten die Wissenschaftler, dass die Wiese bis zu **200.000 Jahre** alt war. Damit ist sie älter als …

Posidonia oceanica vermehrt sich, indem es exakte Kopien von sich selbst schafft. Dieser Prozess wird als **Klonen** bezeichnet.
Durch das identische Erbgut ist die Seegraswiese ein einziger Organismus, da alle Ableger zum selben Wurzelsystem gehören.
… die Pyramiden: rund 4.500 Jahre alt.
… das Aussterben der Wollhaarmammute: vor rund **15.000 Jahren**, als die Wiese bereits **185.000 Jahre** alt war!

100 Das Leben auf der Erde wird nicht ewig dauern, aber *wie* es endet, ist Glückssache.

In mehreren Milliarden Jahren wird sich die Sonne zu einem Roten Riesen ausdehnen und danach zu einem Weißen Zwerg von Erdgröße schrumpfen. Das hat verheerende Folgen für das gesamte Sonnensystem und das Leben auf der Erde. Aber vielleicht geht die Erde auch auf ganz andere Weise zugrunde.

Spiele mit einem Würfel die verschiedenen **Ringe des Untergangs** durch.

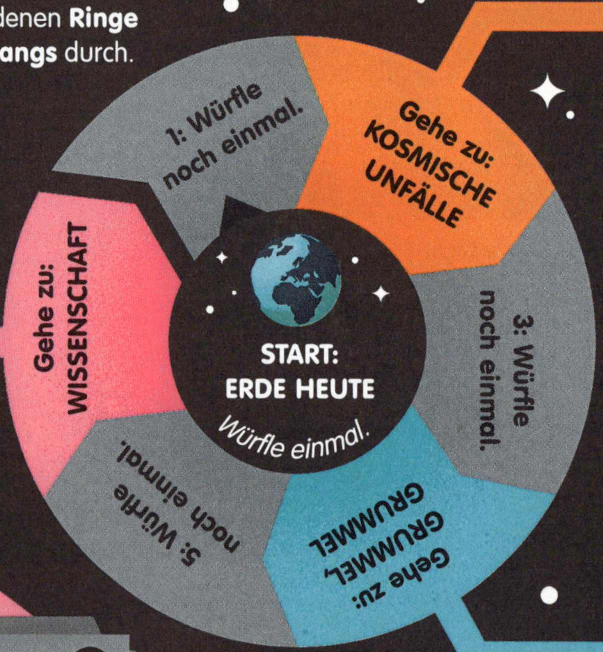

Auf dieser Doppelseite findest du einige der Möglichkeiten, wie sich Wissenschaftler den Untergang der Erde vorstellen könnten.

Unter all diesen Katastrophen gibt es eine Möglichkeit zu überleben. Mit etwas Glück landest du auf dem richtigen Feld …

ROBOTERHERRSCHAFT
Künstliche Intelligenz wird immer mächtiger. Computer übernehmen die Kontrolle und unterwerfen die Menschheit.

WELTRAUMLIFT
Raumfahrtingenieure bauen einen Weltraumlift, um schwere Raumschiffe ins All zu transportieren. Dann verlassen wir die Erde, erkunden das Universum und lassen uns woanders nieder.

KOSMISCHE UNFÄLLE
Es kam aus dem All!

1: Würfle noch einmal.

Gehe zu: GAMMABLITZE

3: Würfle noch einmal.

Gehe zu: AUSSERIRDISCHE INVASION

5: Würfle noch einmal.

Gehe zu: WAISENPLANET SCHLÄGT EIN

GAMMABLITZE
Zwei nahe Sterne stoßen zusammen, wodurch Gammablitze auf die Erde treffen.

Sie zerstören die Erdatmosphäre und bombardieren uns mit tödlicher Strahlung.

AUSSERIRDISCHE INVASION
Wissenschaftler vermuten, dass es in unserer Galaxie Millionen von außerirdischen Zivilisationen gibt. Falls eine davon die Erde besucht, geschieht das nicht unbedingt in friedlicher Absicht …

WAISENPLANET SCHLÄGT EIN
Ein riesiges Planetenobjekt gelangt ins Sonnensystem und kracht direkt in die Erde. Krawumm!

SUPERVULKAN
Die gigantische Aschewolke eines gewaltigen Vulkanausbruchs taucht die Erde viele Jahre in tiefe Dunkelheit.

WARTE MAL!
Sollten wir uns nicht über *viel dringendere Probleme* Sorgen machen?
Gehe zu: Seite 104–105

GROSSER ROTER KNOPF
Ein Atomkrieg bricht aus. Städte und Wälder brennen nieder. Radioaktiver Niederschlag überzieht die Erde.

WAISENPLANET FLIEGT VORBEI
Ein riesiges Planetenobjekt saust an der Erde vorbei. Seine Anziehungskraft reißt die Erde aus ihrer Umlaufbahn und wir wirbeln in die interstellare Leere.

GRUMMEL, GRUMMEL
Hey, warum wackelt die Erde so?

1: Würfle noch einmal.

Gehe zu: SUPERVULKAN

3: Würfle noch einmal.

Gehe zu: GROSSER ROTER KNOPF

5: Würfle noch einmal.

Gehe zu: WAISENPLANET FLIEGT VORBEI

NANOBOTS
Selbstreplizierende Nanobots (winzig kleine Roboter, die eine Kopie von sich selbst herstellen) multiplizieren sich völlig unkontrolliert und bedecken die Erde mit einer leblosen Kruste.

Was ist wo auf der Welt?

Die Zahlen auf der Weltkarte zeigen dir an, wo sich einige der in diesem Buch beschriebenen „100 Dinge“ befinden.

2 Alexandria, Ägypten, wo Eratosthenes lebte

13 Atacama-Wüste, Chile

16 Unterwasser-Wasserfall, Dänemark

19 Batagaika Megaslump, Russland

20 Versteinerter Wald, Petrified-Forest-Nationalpark, USA

24 Dabbahu-Spalte, Äthiopien

27 Hudson Bay, Kanada

28 Roter Regen in Kerala, Indien

30 Vulcan Point, Philippinen

37 Antarktische Trockentäler, Antarktika

38 Madagaskar

40 Yellowstone-Nationalpark, USA

44 Point Nemo, Pazifischer Ozean

51 Diamantenstadt, Nördlingen, Deutschland

53 Meteoritenfund, Mauretanien

54 Brennender Berg, Mount Wingen, Australien

55 Gezeitenwelle Pororoca, Brasilien

56 Kupferminen, Erzgebirge, Deutschland

58 Gewitter, Maracaibo, Venezuela

61 Natronsee, Tansania

65 Son-Doong-Höhle, Vietnam

66 Vulkan Tambora, Indonesien

67 Berg Denali, USA

69 Tal des Todes, Kalifornien, USA

70 Kristallhöhle, Mexiko

71 Hollywood, USA

83 Yesterday und Tomorrow Islands, USA und Russland

88 Zealandia

89 Vulkan Ijen, Indonesien

92 Chimborazo, Ecuador, und Mount Everest, China/Nepal

93 Natürliche Brücken, Nordosten von Indien

94 Zusammenfluss zweier Flüsse, Manaus, Brasilien

96 Ölbohrplattform Draupner-E, Norwegen

98 Bodélé-Depression, Tschad und Amazonas-Regenwald, Brasilien

99 Seegraswiese, Mittelmeer

10 Dinge, wie du den Planeten Erde schützen kannst

Menschliche Aktivitäten fügen unserem Planeten enorme Schäden zu. Es gibt jedoch vieles, das wir verändern können. Hier sind einige Anregungen:

1. Spare Wasser.

- Drehe den Wasserhahn zu, wenn du deine Zähne putzt.
- Dusche, statt zu baden.
- Stelle Waschmaschine und Spülmaschine nur an, wenn sie voll sind.
- Sammle Regenwasser, um den Garten zu wässern.

2. Iss bewusst.

- Iss weniger Fleisch und Milchprodukte.
- Iss nur nachhaltig gefangenen Fisch.
- Pflanze Obst und Gemüse an.
- Kompostiere Küchenabfälle.
- Iss Essensreste auf, statt sie wegzuwerfen.

3. Spare Energie.

- Schalte Lichter aus, wenn du sie nicht brauchst.
- Ziehe nachts den Stecker von Elektrogeräten heraus.
- Verwende Energiesparlampen.
- Schalte Smartphone, Tablet, Laptop und andere Geräte aus, wenn du sie nicht brauchst.
- Ziehe wärmere Kleidung an, statt die Heizung hochzudrehen.

4. Achte auf die Umwelt.

- Pflanze einen Baum.
- Vermeide Produkte für Reinigung und Körperpflege, die schädliche Chemikalien enthalten.
- Vermeide Produkte, die Palmöl enthalten. Einseitige Anbaumethoden zerstören Lebensräume von Tieren.

5. Bewege dich umweltfreundlich fort.

- Vermeide unnötige Autofahrten.
- Geh so oft wie möglich zu Fuß oder fahre mit dem Fahrrad.
- Nutze öffentliche Verkehrsmittel.

6. Verwende Dinge wieder.

- Nutze Pfandflaschen, verzichte auf Dosen.
- Nutze aufladbare Batterien.
- Packe Geschenke in Zeitungspapier ein.

7. Recycle Rohstoffe.

- Aus alten Elektrogeräten lassen sich neue herstellen.
- Verschenke nicht mehr benötigte Geräte oder Spielsachen.
- Führe Wertstoffe wie Papier, Glas, Kunststoffe und Dosen dem Recycling zu. Recycling verbraucht weniger Energie als die Herstellung neuer Gegenstände.

8. Überzeuge andere und engagiere dich.

- Sprich mit Freunden, Familie und Lehrern über praktischen Umweltschutz.
- Werde Mitglied einer Umweltschutzgruppe und nimm an Projekten und Aktionen teil.

9. Vermeide Plastik.

- Verwende keine Plastiktüten, sondern Stofftaschen.
- Kaufe unverpackte Produkte, verzichte auf Plastikverpackungen.
- Vermeide Trinkhalme aus Plastik.
- Vermeide Besteck und Teller aus Plastik.

10. Das kannst du noch tun:

Wir alle können etwas für das Klima tun, wenn wir unsere Gewohnheiten im Alltag überdenken und verändern. Durch das Reduzieren unseres Verbrauchs von Energie und Produkten verbessern wir unseren „ökologischen Fußabdruck".

- Statt Kleidung zu kaufen, die in fernen Ländern unter unfairen Bedingungen hergestellt wurde, könntest du Produkte aus Europa wählen. Kauf weniger und gib Altkleider in Spendencontainer.
- Kaufe regionales und saisonales Obst und Gemüse in Bio-Qualität auf dem Wochenmarkt oder in Bioläden ein. Wer braucht an Weihnachten Erdbeeren, die Tausende von Kilometern transportiert werden müssen?
- Achte darauf, woher das Fleisch der Tiere kommt, das du isst. Wie und wo wurden sie aufgezogen und gehalten?
- Unterstütze Programme zur Wiederaufforstung von Bäumen als Ersatz für abgeholzte Wälder oder zum Schutz bedrohter Tierarten.
- Reduziere deinen Konsum. Überlege, was du alles nicht brauchst!

Worterklärungen

Achse: eine gedachte Linie zwischen dem Nordpol und dem Südpol, um die sich die Erde dreht

Antarktis: die eisbedeckten Gebiete um den Südpol

Anziehungskraft: die Kraft, mit der sich zwei Körper gegenseitig anziehen; die Kraft, durch die die Erde in ihrer Umlaufbahn um die Sonne bleibt

Äquator: eine gedachte Linie um die Mitte der Erde, die sie in die Nord- und die Südhalbkugel aufteilt

Arktis: die eisbedeckten Gebiete um den Nordpol

Art: eine Grundeinheit zur Klassifizierung von Pflanzen, Tieren oder anderen Lebewesen

Asteroid: Gesteinsbrocken, der um einen Stern kreist

Atmosphäre: dünne Schicht aus Gasen um unsere Erde

Aussterben: wenn das letzte Exemplar einer Art stirbt

Eiszeit: lang andauernde Zeiträume in der Erdgeschichte mit sehr kaltem Klima

Endemisch: ausschließliches Vorkommen von Lebewesen in einem bestimmten Gebiet

Erdbeben: eine messbare Erschütterung der Erde, z. B. durch die Verschiebung von tektonischen Platten oder einem Vulkan

Eruption: der Ausstoß von Lava, Gestein, Asche und Gasen aus einem Vulkankegel

Fossile Brennstoffe: Brennstoffe, die aus den fossilen Überresten von Lebewesen entstanden sind, z. B. Kohle, Öl oder Gas. Sie werden als Treibstoffe verbrannt oder um elektrischen Strom zu erzeugen.

Fossilien: Überreste von Tieren und Pflanzen sowie deren Lebensspuren aus der erdgeschichtlichen Vergangenheit, die als Versteinerungen bis heute erhalten geblieben sind

Fotosynthese: der Vorgang, bei dem Pflanzen und Bäume Sonnenlicht in Energie umwandeln

Geologe: ein Wissenschaftler, der erforscht, woraus die Erde aufgebaut ist, wie sie entstand und wie sie sich verändert

Gezeiten: die Bewegung des Meerwassers bei Ebbe und Flut, die durch die Anziehungskraft des Mondes verursacht wird

Gletscher: riesige Eismasse aus verfestigtem Schnee, die sich sehr langsam bergabwärts bewegt

Globale Erderwärmung: Die durchschnittliche Temperatur der Atmosphäre steigt langsam, aber stetig an. Dadurch verändert sich das Klima der Erde.

Invasiv: die Ausbreitung fremder Tier- und Pflanzenarten in einem Lebensraum

Kartograf: jemand, der Landkarten erstellt

Klima: das Wetter, das über einen langen Zeitraum in einem bestimmten Gebiet der Erde herrscht. In der Wüste herrscht z. B. heißes und trockenes Klima.

Klimawandel: die Veränderung des Klimas in einem bestimmten Gebiet und die Verschiebung von Klimazonen. Ursache ist die globale Erderwärmung.

Kohlendioxid (CO_2): farb- und geruchloses Gas; es entsteht beim Atmen, beim Verbrennen fossiler Brennstoffe und wenn Organismen nach ihrem Tod verrotten

Kontinent: eine große, geschlossene Landmasse

Krater: eine Vertiefung, die bei einem Vulkanausbruch oder beim Einschlag eines Gesteinsbrockens, z. B. eines Meteoriten, entsteht

Kruste: die harte Oberfläche eines Planeten

Lava: heißes, geschmolzenes Gestein, das aus einem Vulkan austritt

Lebensraum: der Bereich, in dem eine bestimmte Art von Pflanzen oder Tieren lebt

Luftfeuchtigkeit: der Anteil an Wasserdampf in der Luft

Magma: geschmolzenes Gestein in Erdkruste und Erdmantel, bildet beim Abkühlen das Vulkangestein

Meteorit: Metall- oder Gesteinsstück aus dem Weltraum, das die Erdoberfläche erreicht

Migration: die Wanderung von einem Ort zu einem anderen. Bei Tieren spricht man von Migration, wenn sie z. B. je nach Jahreszeit in ein anderes Gebiet ziehen, um Futter zu finden.

Mineral: ein Element oder eine Verbindung in einem Gestein, z. B. Salz, Diamant oder Quarz

Nährstoff: ein Stoff, den Lebewesen aufnehmen, um zu überleben

Naturschützer: jemand, der für den Schutz der Natur eintritt

Ökologischer Fußabdruck: die Menge unseres Energie- und Rohstoffverbrauchs

Ökosystem: ein Lebensraum und alle darin vorkommenden Tiere und Pflanzen, z. B. in Wald, Wiese, Gewässer oder Moor

Organismus: ein Lebewesen

Ozeanograf: ein Wissenschaftler, der sich mit den physikalischen Vorgängen im Meer beschäftigt, z. B. Meeresströmungen

Ozon: eine Form von Sauerstoff, in der Moleküle drei statt zwei Sauerstoffatome aufweisen

Ozonschicht: eine dünne Schicht aus Ozongas in der Atmosphäre, die die schädlichen ultravioletten Strahlen der Sonne abhält

Pangäa: ein riesiger Kontinent, der vor 200 bis 300 Millionen Jahren auf der Erde existierte

Permafrost: eine Bodenschicht, die das ganze Jahr hindurch gefroren ist

Plateau: eine flache Region, die höher liegt als die Umgebung

Pol: der nördliche und südliche Punkt der Erde, der jeweils am weitesten vom Äquator entfernt ist

Population: Tiere und Pflanzen, die zur gleichen Zeit am selben Ort leben

Projektionen: verschiedene Methoden, um die gekrümmte Oberfläche der Erdkugel auf einem flachen Blatt Papier abzubilden

Recycling: Rohstoffe sammeln, umwandeln und als neue Produkte wieder in den Verbrauch einführen

Roter Riese: Stern vor dem Ende seines Lebens, der sich aufgebläht und abgekühlt hat

Satellit: ein natürliches oder von Menschen geschaffenes Objekt, das einen Planeten umkreist

Sedimentgestein: ein Gestein aus Sand, Schlamm oder anderen Ablagerungen, die sich an Land oder unter Wasser angesammelt haben und zu festem Gestein zusammengedrückt wurden

Sonnensystem: das System von Planeten, Monden und Asteroiden, die sich um die Sonne drehen

Stern: ein riesiger Himmelskörper, der ständig Wärme und Licht abstrahlt

Strahlung: die Ausbreitung von Teilchen oder Wellen, einschließlich Wärme und Licht, die von einem Stoff oder einem Körper abgegeben werden

Strömung: die Bewegung von Luft oder Wasser in eine bestimmte Richtung

Umlaufbahn: Bahn eines Himmelskörpers um einen Stern oder Planeten

Umweltverschmutzung: schädliche Stoffe, z. B. Abfälle, Abgase und Abwässer, die in die Natur abgegeben werden

Universum: alles, was in Raum und Zeit existiert

Weißer Zwerg: die kleinen, dichten Überreste eines ausgebrannten Sterns

Zelle: die kleinste lebende Einheit eines Lebewesens

Register

^{14}C-Atom, 51

Adeliepinguin, 73
Afrika, 4, 5, 32, 72, 74, 95, 115
Ägypten, 6, 26, 108
Alpen, 97
Amazonas, 111, 115
Ammoniak, 34, 35
Anden, 20, 111
Antarktika, 32, 48, 49, 57, 62, 63, 83
Antarktis, 42, 48, 56, 62, 83, 100
Antarktische Trockentäler, 48, 49
Anziehungskraft, 7, 27, 36, 48, 77, 119
Arktis, 12, 34, 35, 56, 60, 94, 100
Arsen, 69
Asteroid, 17, 65, 86
Astronomen, 26
Atacama-Wüste, 14, 20, 21, 48
Atlantischer Ozean, 68, 95, 111, 115
Atmosphäre, 7, 30, 33, 42, 44, 51, 54, 55, 62, 63, 77, 86, 89, 97, 104, 105, 119
Atomwaffentest, 31, 51
Aussterben, 19, 47, 105, 117
Australien, 8, 9, 32, 37, 68, 94, 95

Bakterien, 12, 13, 45, 75, 112
Bäume, 9, 15, 29, 51, 52, 60, 62, 63, 79, 96, 104, 110
Berg, 20, 48, 56, 62, 68, 69, 71, 82, 83, 91, 92, 110, 122, 123
Bewohnbare Zone, 7
Blitz, 40, 41, 68, 71, 119
Boring Billion, 74, 75
Brasilien, 68, 111

Chimborazo, 110
Cyanobakterien, 75

Datumsgrenze, 100, 101
Denali, 82
Diamant, 64, 65
Dinosaurier, 17, 19, 38, 103

Eis, 12, 28, 36, 40, 43–45, 48, 49, 56, 62, 63, 84, 93, 94, 96, 97, 100
Eiserner Vorhang, 114
Eiszeit, 18, 19, 27, 62, 63, 74, 96
Endemische Arten, 50
Entstehung der Erde, 18, 66, 67, 88
Epoche, 38
Eratosthenes, 6
Erdachse, 26, 27
Erdbeben, 30, 32, 59
Erderwärmung, 97, 105
Erdgeschichte, 17, 80, 103, 105
Erdkern, 33, 88, 110
Erdkruste, 7, 32, 62, 64, 88, 106
Erdmantel, 32, 64

Fisch, 34, 45, 87, 122
Flamingo, 74, 75
Flöz, 68
Flugsaurier, 89
Fluss, 23, 40, 52, 53, 68, 79, 91, 94, 110, 111
Flutwelle, 59
Fossilien, 29, 62, 87, 103
Fotosynthese, 62
Funkwelle, 54, 55

Geologe, 31, 38, 103, 106
Geosmin, 78
Gestein, 10, 12, 20, 29, 31, 32, 36, 62–65, 69, 75, 76, 78, 85, 102, 103, 106, 107, 109
Gewitter, 40, 41, 71
Gezeitenwelle, 68
Gips, 86
Gletscher, 11, 36, 43, 44, 56, 97, 104
Gletschermaus, 43
Gletscherschmelze, 97, 104
Gnu, 72
Gold, 88, 108, 109
Goldlöckchen-Zone, 7
GPS, 95
Grönland, 4, 5, 24, 25

Helium, 76, 77
Himalaja, 62, 63
Höhle, 60, 61, 79, 85, 102

Indien, 32, 37, 72, 80, 110
Insel, 39, 50, 75, 81, 83, 93, 100, 101, 111, 113
Invasive Arten, 8, 9
ISS (Internationale Raumstation), 57

Jagen, 47, 52
Japan, 30, 59
Jeffersons Aufteilung, 90, 91
Juwel, 108

Kanada, 36, 73
Klima, 18, 19, 27, 44, 74, 75, 96, 104, 123
Klimawandel, 44, 45, 87, 104, 105, 112
Kobalt, 69
Kohlefeuer, 68
Kohlendioxid (CO_2), 44, 45, 62, 63, 65, 96, 104, 105, 116

Kohlenstoff, 7, 44, 51, 64, 65
Kontinent, 5, 7, 32, 49, 62, 63, 75, 83, 106
Korallen, 23, 45, 105, 112
Kristall, 56, 85
Küstenseeschwalbe, 72

Landkarte, 4, 5, 91
Längstwellen, 54, 55
Langweilige Milliarde *siehe* Boring Billion
Lapislazuli, 108, 109
Lava, 20, 98, 99, 107
Lemur, 50
Libelle, 72

Madagaskar, 50
Magma, 10, 64
Magnetfeld, 33
Mars, 20, 21, 66, 67
Massenaussterben, 16, 17, 104
Meer, 11, 16, 17, 24, 25, 31, 32, 45, 54, 56, 59, 89, 93–95, 98, 100, 101, 104–106, 112, 116
Meeresspiegel, 44, 57, 58, 92, 106, 110
Meeresströmung, 94, 95
Mercator-Projektion, 5
Meteorit, 67, 88, 108
Migration, 72, 73
Minimond, 86
Mittelmeer, 116
Monarchfalter, 73
Mond, 27, 72, 86
Monsterwellen, 113
Mount Everest, 110
Mount Wingen, 68

Nordamerika, 32, 73, 82, 90
Nationalpark, 29, 52, 53
Nonnenkranich, 72
Nordstern, 26

Ökosystem, 53, 116
Ozean, 11, 12, 15, 16, 18, 20, 21, 32, 39, 45, 68, 75, 83, 94–96, 100, 106, 111, 112, 115
Ozeanograf, 94, 95, 113
Ozonschicht, 42
Ozonloch, 42

Pangäa, 32
Pazifischer Ozean, 20, 21, 39, 57, 95, 100
Pest, 45, 96
Peters-Projektion, 5
Petrichor, 78
Pfuhlschnepfe, 73
Plastiglomerat, 31
Plastik, 10, 11, 31, 103, 105, 123
Point Nemo, 57
Polarfuchs, 60, 61
Polarstern, 26
Präzession, 26

Quietscheentchen, 94, 95

Regen, 14, 20, 37, 41, 49, 72, 78–81, 104, 105, 110, 115, 122
Regenwald, 79, 104, 115
Russland, 28, 82, 100

Sahara, 115
Salzsee, 74
Sand, 22, 23, 31, 46, 61, 67, 108, 111, 115
Satellit, 6, 30, 59
Schall, 30, 64, 65
Schatten, 6, 20
Schildkröte, 47, 73
Schwarzer Tod, 96
Seegras, 116, 117
Seevögel, 34, 35
Sonne, 6, 7, 27, 33, 35, 42, 56, 61–63, 66, 67, 73, 79, 81, 84, 93, 96, 97, 108, 118
Sonnensystem, 66, 67, 118, 119
Staub, 37, 41, 45, 66, 67, 86, 88, 98, 115
Stern, 21, 26, 88, 119
Sturm, 40, 41, 44, 45, 70, 71, 94, 104, 115
Südamerika, 14, 20, 21, 32, 57, 94, 95, 102, 115
Suevit, 65

Tansania, 74, 75
Tektonische Platten, 32, 62, 63
Todeszone, 92
Tsunami, 59, 70

U-Boot, 54
Ultramarin, 109
Unwetter, 104
USA, 82, 90, 100, 114

Van-Allen-Strahlungsgürtel, 55
Vietnam, 79
Vögel, 34, 35, 72–75, 89
Vulkan, 17–19, 39, 41, 64, 74, 80, 98, 107, 110, 119

Wal, 10, 11, 73
Wald, 15, 29, 41, 45, 62, 68, 79, 96, 104, 115, 119, 123
Wanderalbatros, 89
Wapiti-Hirsch, 52, 53
Wasser, 7, 10, 11, 14, 17, 23–25, 31, 32, 37, 43, 45, 48, 54, 56, 65, 68, 72, 74, 75, 78, 84, 85, 87, 89, 91, 93, 98, 100, 102, 104, 106, 111, 115, 116
Wasserfall, 24, 25
Wildkaninchen, 8, 9
Wolf, 52, 53, 75
Wüste, 14, 20–23, 45, 48, 49, 62, 78, 84, 86, 105, 115

Zealandia, 106

Ein Team von Entdeckern hat dieses Buch zusammengestellt.

Recherche und Text:
Jerome Martin, Darran Stobbart, Alice James,
Tom Mumbray, Alex Frith und Rose Hall

Gestaltung:
Jenny Offley, Lenka Hrehova, Tilly Kitching,
Helen Crooke und Jamie Ball

Illustration:
Federico Mariani,
Parko Polo und
Dale Edwin Murray

Übersetzung aus dem Englischen:
Jutta Vogt

Redaktion der deutschen Ausgabe:
Sabine Zürn

Satz der deutschen Ausgabe:
Tanja Haaf

Projektbetreuung:
Birgit Zimmerer, Cornelia Steuer,
Danica Utermöhlen

1. Auflage 2020